2021年9月 改訂版

生協の理事読本

齊藤 敦　Atsushi Saito
宮部 好広　Yoshihiro Miyabe

改訂版刊行にあたって

　生協は「国民の自発的な生活協同組織」（生協法第1条）として、組合員の生活の文化的経済的改善向上のための事業を行う組織です。理事会はその運営の要となる機関であり、生協の事業・運営上の重要な事項を決定するとともに、常勤する理事が中心になって行われる日常の業務執行の状況について定期的に報告を受け、きちんと行われているかを点検・監督する役割を持っています。生協では、その理事会を構成する理事として、専門家ではない一般の消費者・生活者である組合員が多数参画していることが大きな特徴です。

　生協の理事会には、生協の事業・運営に関わる方針、大規模な投資、重要な契約などさまざまな事項が提案されます。また、業務執行の状況の報告では、生協の事業や財務の状況を示す会計書類も提出されます。このような事項を審議し、生協が適正に運営されるために、理事会は常勤の理事と組合員や有識者による非常勤の理事で構成されています。監事も理事会に出席し、理事会やその構成員である各理事が注意義務を尽くして職務を行っているかを監視・検証しています。このような仕組みを通じて、生協が組合員のニーズと願いに対応した事業を行い、健全な経営を維持しながら、社会的な期待にも応えていくことを実現しようとしているのです。

　生協の理事として理事会に参画する組合員の皆様には、生協運営の基本となる生協法上のルールや、生協の経営、会計などについて、基本的な知識を持っておくことが大切になります。2008年4月には、1948年の制定以来ほぼ60年振りとなる生協法の抜本的大改正が施行され、理事会－代表理事制の法定化や監事の権限強化を軸とする新しい組織運営が始まりした。この法改正では役員の責任についても明確にされています。

本書は2008年9月に初版を刊行しました。生協法改正を踏まえ、新しく理事になっていただいた皆様に、生協の理事として知っておきたい生協法や生協の経営・財務に関する基礎的な事項をまとめて提供したいとの考えでした。幸いにも、新任理事向けの基本的な学習書として多くの方々にご活用いただき、折々の改正内容を盛り込みながら9刷にまで至りました。この度、2019年に行われた生協法改正の内容を盛り込むとともに全般的な見直しを行い、改訂版を刊行いたします。引き続きご活用いただきますよう、お願いいたします。

　2021年8月

日本生活協同組合連合会

常務理事　二村睦子

《目　次》

第1章

生協理事の権限と責任について考える

生協の理事は、役員として生協の事業や運営に関わる重要な役職です。第1章では、生協における理事の位置付けや、その役割・権限と責任について、基礎的な事項を説明していきます。

1. 法人とは

　生協法第4条は、次のように定めています。
「消費生活協同組合及び消費生活協同組合連合会は、法人とする」
　皆さんも「法人」という言葉を聞いたことがあると思いますが、「法人とは何ですか」と聞かれると、答えに詰まる人もいるかもしれません。この項では、法人とは何か、法人であるということにどんな意味があるのか、といった点について説明していきます。

(1) 法律上の権利・義務関係 ～ 債権・債務と所有権
　私たちは、意識はしていなくても、さまざまな契約を結びながら日常生活を営んでいます。例えば、生協やスーパーで買い物をするのは売買契約、部屋を借りるのは賃貸借契約、電車に乗るのは運送契約、会社で働いて給料をもらうのは雇用契約といった具合です。
　契約を結ぶということは、通常、お互いに法的な義務を負い合う関係をつくるということです。売買契約を例にとって考えてみましょう。八百屋でキャベツを買う場合、八百屋は客に対してキャベツを渡す義務を、客は八百屋に対して代金を払う義務を負うことになります。こうした義務のことを債務と呼びます。これを逆から見ると、八百屋は客に対して代金の支払いを求める権利があり、客は八百屋に対してキャベツの引き渡しを求める権利があるということになります。このように、人に対してある行為を要求できる法律上の権利のことを債権と呼びます。法律上の人と人との関係は、債権－債務の関係を軸にして組み立てられています。
　これに対して、人が「もの」について、自由に使ったり売ったり捨てたりする権利、「これは自分のものだ」と主張できる権利のことを所有権と呼びます。上の例でいえば、お金を払ってキャベツを手に入

れた客は、そのキャベツを料理して食べることもできますし、まとめて買ったキャベツを近所の方などにお分けすることもできます。このように、キャベツという「もの」を自由に扱えるのは、その客がキャベツを所有しているからです。

(2) 権利義務の主体になれる存在 〜 自然人と法人

　このように、人は債権や所有権という法的な権利を持つことができるし、人に対して義務を負うこともできます。そして、買い物をしたのに代金を払ってくれないというように、その権利が侵害された場合には、裁判所に訴えて権利を回復したり実現することができます。このような資格は、「権利義務の主体となることができる法的資格」と表現することができます。

　例えば、AさんがBさんにお金を貸したのに返してくれない、というケースを考えてみましょう。お金を貸すことは契約の一種であり、貸し手と借り手の間に「金銭消費貸借契約」という契約が結ばれています。この契約は、借り手がお金を借りる代わりに、同額のお金を、利息を払う旨の約束がある場合は利息を添えて返すという契約です。したがって、借り手であるBさんは貸し手であるAさんに対して借りたお金を返す法的な義務がある、ということになります。にもかかわらず、返済期限が来てもBさんがお金を返さず、催促をしても応じてくれない場合、AさんはBさんを裁判で訴えて、お金を返すよう求めることができます。判決でお金を返すことが命じられても、なおBさんが返さない場合には、強制執行の申立てを行い、裁判所を通じてBさんの財産から返済を受けることができます。

　この資格が認められているのは基本的に人だけです。例えば犬や猫などの動物は、このような資格が認められておらず、法律上は「もの」として扱われています。

　一方、私たちの社会は、国、都道府県などの地方自治体、住宅金融支援機構などの独立行政法人、株式会社のような営利を目的とする団体、社会福祉法人などの公益を目的とする団体など、さまざまな団体が数多く存在し、それぞれ社会的な役割を担っています。こうした団

11

体に対して、権利義務の主体となることができる法的資格を認めるのが法人制度であり、与えられる資格のことを法人格と言います。

（3）法人になることの意義

それでは、法人になることにはどのような意味があるのでしょうか。

法人ではない団体の場合、団体の名義で銀行口座をつくることはできませんし、団体が建物を買ったり、備品を買ったりするときに、団体名義での契約はできません。また、買った不動産を登記するときにも、団体名義での登記はできません。法人でない団体は権利義務の主体となることができないからです。

例えば、法人でない団体Aが土地を買った場合を考えてみます。土地・建物を買った場合は不動産の登記をしなければなりませんが、この場合は団体Aが法人ではないため、団体Aの名義で登記することはできません。したがって、代表者個人の名義で登記するか、団体の構成員全員の共有名義で登記するか、いずれかの対応が必要となります。家やマンションを共有で買ったことのある方はイメージがあるかと思いますが、共有名義で登記する場合には、共有者全員の氏名や持分などを記載することが必要です。これを団体の構成員全員について行うのは手続きが非常に煩雑で不便です。かといって、代表者個人名義の場合には代表者の個人財産との区別がつきにくくなります。

団体Aが法人である場合には、団体Aとして権利や義務の主体となることができますから、団体Aの名義で契約したり、登記することができます。こうなると、団体の財産が構成員個人の財産と明確に区別されますし、手続きもスムーズに行えるようになります。これが法人になることの意義です。

なお、法人は、法律の規定によらなければ設立することができません。農協は農協法、株式会社は会社法、社会福祉法人は社会福祉法といったように、法人はそれぞれ根拠となる法律を持っています。生協の場合には生協法がこれにあたります。

～～　まとめ　～～～～～～～～～～～～～～～～～～～～～

◇人に対してある行為を要求できる法律上の権利を債権、逆に人
　に対して果たさなければならない法律上の義務を債務という。

◇人の「もの」に対する法律上の権利の代表的なものは所有権で
　ある。

◇法人とは、個人（自然人）以外で権利義務の主体となり得る法
　的な資格を持ったものをいう。

◇法人制度の意義は、法人名義の財産を所有したり、法人名義で
　契約をすることができる点にある。

～～～～～～～～～～～～～～～～～～～～～～～～～～～～～

コラム1-① 　法人の種類と分類

　日本には200種類以上の法人があるといわれています。私たちの身近に
も、株式会社、医療法人、学校法人、社会福祉法人、ＮＰＯ法人（特定非
営利活動法人）など、いろいろな種類の法人があります。国や地方自治体、
独立行政法人なども法人です。

　これらの法人については、以下のような形で分類されています。

★　社団法人／財団法人

　社団法人とは、人の集まりに対して法人格が与えられたものをいいます。
例えば株式会社は株主の集まり、生協は組合員の集まりに対して、それぞ
れ法人格が与えられているので、社団法人に分類されます。

　これに対して財団法人は、一定の目的のために拠出された財産自体に法
人格が与えられたものをいいます。例えば、生協総合研究所という公益財
団法人がありますが、これは生協や協同組合に関する調査・研究その他を
行うために、各生協からの寄付を募って集められた財産の集合体に対して、
法人格が与えられたものです。

　なお、かつては法人の名称に「社団法人」「財団法人」という呼称を付
ける場合がありましたが、これは旧民法の規定に基づいてつくられた旧公
益法人に限られ、他の法律によってつくられた法人にはこうした呼称を使
いません。例えば、生協は分類上は社団法人ですが、法人の種類としては「生

活協同組合法人」であり、正式名称に「社団法人」という呼称は使いません。一連の公益法人制度改革の中で、民法の規定に基づく公益法人の制度は廃止され、これに代わる法律として一般社団・財団法人法が制定されています。現在では、同法に基づいて設立され、公益認定法により認定を受けた法人には、「公益社団法人」「公益財団法人」という呼称が用いられています。

★　営利法人／公益法人

　営利法人とは、法人の財産的利益を何らかの形で構成員に分配することを目的とする法人をいいます。株主への利益分配を目的とする株式会社は、その典型です。

　これに対して公益法人とは、不特定多数の利益を目的に「祭祀、宗教、慈善、学術、技芸その他」の活動を行うものをいいます。宗教法人、学校法人、社会福祉法人、ＮＰＯ法人などはこの分類に含まれます。

　しかし、営利法人でも公益法人でもない法人も存在します。例えば生協の場合、事業の提供を通じて組合員の生活の向上を図ることを目的とする法人です。そのため、団体の財産的利益の組合員への分配を目的とするわけではないという点で営利法人ではなく、構成員である組合員への貢献が目的であって不特定多数の利益を直接の目的としているわけではない点で公益法人でもありません。他の協同組合（農協、漁協など）や労働組合も同様の特徴を持っています。最近では、営利法人でないという意味で、公益法人とこれらの法人を一括して「非営利法人」と呼び、前者を「公益型」、後者を「共益型」と呼ぶケースも多くなっています。

　もっとも、実態として不特定多数の利益につながっているか（＝公益性があるか）という観点からいえば、公益法人以外にも公益性が認められる場合があることは当然です。2007年の生協法改正に至る経過の中では、食の問題や福祉活動などでこれまでに生協が果たしてきた役割を踏まえ、実態としての生協活動の公益性について高く評価されました。

2. 機関とは

　普段の活動の中で、「機関運営」「機関会議」などという言葉をよく耳にすると思います。生協法に規定する生協の機関は次の通りです。
〈意思決定機関〉
　　総会、総代会（以下、まとめて総(代)会と呼びます）
〈執行機関〉
　　理事会、代表理事
〈監査機関〉
　　監事
　機関は、個人である場合もあれば、会議体の場合もあります。例えば、代表理事や監事は個人として機関であり、総(代)会や理事会は会議体が機関となっています。この項では、機関とは何か、生協にはどのような機関があり、どのような役割を負っているのか、といった点について説明していきます。
〈法人と機関〉
　前の項で見てきた通り、法人は、人と同じように権利義務の主体となることが法的に認められています。しかし、実際には、個人と法人とはずいぶん違います。契約という行為を例に考えてみましょう。個人が家を買う場合には、その人が「家を買おう」と心に決め（意思）、販売業者に相談して販売条件などについて合意したところで「契約します」と言い（意思表示）、契約書などを作成するという流れになります。これを、法人がビルを買う場合に対して当てはめると、契約しようという法人の意思はどのようにして決定されるのか、誰が言えば法人の意思が表示されたことになるのか、という点が問題となります。
　法人における機関は、このような役割を果たすものです。法人の意思を決定したり、決定された意思を実行したり（業務執行）、意思決定や業務執行の状況を監査（監視・検証）するために、法人の内部に置かれる機構のことを、法人の機関といいます。
〈生協の機関と役割〉
　生協の機関については、この項の冒頭で紹介しましたが、大きく3

つに分けることができます。

1つ目は総(代)会です。総(代)会は生協の最高意思決定機関として、定款の変更や規約の設定・変更・廃止など組織運営の基本的事項、合併・解散など組織自体の存立に関する事項、決算や事業計画・予算など毎年度の事業の大枠に関する事項について決定するとともに、役員を選挙・選任する役割を持っています。

2つ目が理事会と代表理事であり、これらは総(代)会の決定に基づく業務の執行に携わる機関です。理事会は、生協の財産管理を含む業務執行全般に関する重要な事項を決定するとともに、代表理事による業務執行の状況を監視・監督する機関です。代表理事は総(代)会や理事会の決定にしたがって、生協を代表して業務を執行する機関です。代表理事は各生協の実情に応じて選ぶことができ、1名である必要はありません。

最後は監事です。監事は、理事による生協の業務執行の状況(財産管理を含みます)について監査し、監査結果に基づいて意見を述べることにより、適切な業務執行がされるようにする役割を負っています。そのため、監事については、理事や使用人(職員のことです)との兼任禁止、監事選任議案を総(代)会に提出する場合の同意権の保障などにより、執行機関からの独立性が保障されています。監事会を置いている生協も多いですが、監事会は法定の機関ではありません。監事会の意義については第2章3(2)[監事の独立性と監事会]の中で述べていますので、そちらをご参照ください(55ページ~)。

なお、理事と監事のことを、生協法では役員と呼んでいます。各生協では役員に準じる位置付けとして執行役員を置き、業務組織を統括させている場合もありますが、執行役員は生協法上の役員ではありません。

～～ まとめ ～～～～～～～～～～～～～～～～～～～～～～～～

◇機関とは、法人の意思決定、執行、監査などの役割を担うために、法人の内部に置かれる機構である。
◇生協の機関は最高意思決定機関である総(代)会、執行機関であ

る理事会と代表理事、監査機関である監事の３つに大別される。
◇生協における役員とは、理事および監事をいう。

コラム1-② 　会社法による会社の機関

　生協などの協同組合とよく対比されるのが株式会社です。組合員の生活の向上を目的とする生協に対して、株主への利益還元を目的とする株式会社と、その目的や組織原理には大きな違いがありますが、機関運営のあり方については参考になる部分も多くあります。実際にも、新しい生協法では会社法の規定が数多く準用されています。

　株式会社では、各会社の規模や実情に応じて、機関の構成を定款で決めることができるようになっています（ただし、大会社の場合は必須とされている機関もあります）。以下、会社法による株式会社の機関について、いくつかのパターンをご紹介します。

［パターン１：取締役会を設置しない場合］

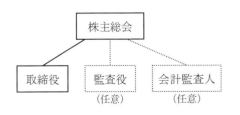

各取締役が代表権を持っています。小規模の会社が想定されており、取締役の監査・監督に関わる機能は株主総会自体が果たすことが期待されています。そのため、監査役や会計監査人の設置は任意となっています。

［パターン２：取締役会－代表取締役・監査役の場合］

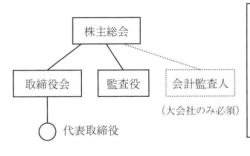

すべての取締役で取締役会を構成し、代表取締役を選任します。代表取締役が代表権と業務執行権を持ちます。監査役は必須の機関となり、大会社については株主総会で選任した会計監査人（公認会計士など）の監査も義務付けられています。

17

［パターン３：取締役会－執行役の場合］

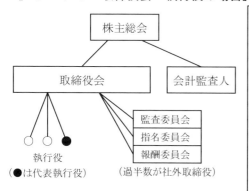

執行機能と監督機能の分離を基調とするアメリカ型のシステムです。取締役会は執行役・代表執行役や各委員会委員の選任・解任を含む監督機能に特化し、執行役・代表執行役が業務を執行します。会計監査人の監査は必須です。各委員会の主な機能は次の通りです。
［監査委員会］
取締役の業務執行の監査、会計監査人の選任・解任議案の決定。
［指名委員会］
取締役の選任・解任議案の決定。
［報酬委員会］
取締役・執行役の個人別報酬の決定。

［パターン４：取締役会－代表取締役・監査等委員会の場合］

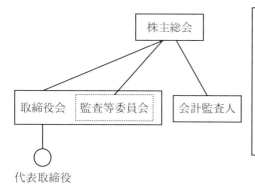

パターン２とパターン３の中間的な形態として2014年改正により設けられました。株主総会では、監査等委員である取締役とそれ以外の取締役を区別して選任します。監査等委員会が取締役の職務執行を監査しますが、それ以外に会計監査人による監査も必須です。

コラム１－③ 機関運営ガイドライン

　日本生協連は、1999年９月の理事会において、『生協における健全な機関運営の確立に向けて』（機関運営ガイドライン）を確認しました。この文書は、1990年代の半ばにいくつかの生協で起きた経営破綻、不祥事や総

(代)会での運営の混乱などを受けて、生協の規模と社会的ポジションに見合った機関運営のあり方を確立することを目的に策定されたものです。

　機関運営ガイドラインでは、「参画」「公正」「透明」「正直」をキーワードに、当面取り組むべき機関運営の制度整備に関する課題を、（1）トップマネジメント、常勤役員、（2）理事会と理事のあり方、（3）監事会と監事のあり方、（4）総(代)会と総代のあり方、（5）情報開示の5つの領域にわたってまとめています。このうち、理事会と理事のあり方については以下の内容が盛り込まれています。

① 有識者理事の参加

　理事会構成の中に一定数の有識者理事を位置付けること。経営経験を持つ有識者を含めて、理事総数の5分の1以上の有識者理事が参加することが望ましい。

② 理事会運営のあり方

　理事会運営に関する規程を定め、規程に基づいた民主的な運営を行うこと。

　理事会付議事項は、規程の中で具体的に定めること。

　代表権を有する理事は理事会を主宰し、理事会の運営と議決に責任を持ってあたること。

　理事会は、月次単位の経営・事業活動のチェックができるように、月1回程度の頻度で開催されることが望ましい。

　理事会への提案資料は、すべての理事が内容を理解できるように分かりやすく、必要な情報は原則として事前に提供されていることが望ましい。

　意思決定が民主的かつ効率的に図られるようにするために、組織上の工夫をすることが望ましい。

　理事会の経過の要領と議案別の議決の結果について記載された理事会議事録を作成し、主たる事務所に10年間保存しておくこと。

③ 理事研修

　理事として責任を果たせるように、理事研修の制度化を図ること。

　新任理事研修を行い、生協法および必要な諸規程、経営および事業の基礎的な理解ができるようにすること。また、定期的な理事研修、通信教育受講、文献・図書・刊行物の配布や紹介などを制度化して行うこと。

④　再任制限

　非常勤理事については、一定の基準を設けて、再任制限を図ることが望ましい。

⑤　男女共同参画

　理事会構成にあたって男女共同参画の視点を持つこと。

　常勤理事における女性構成比の向上を目指すこと。

....

3．役員の基本的な義務

　役員は、機関として、あるいは機関の構成員として、生協の運営上の役割を果たしています。ここで、理事や監事という地位そのものは生協という法人の中の機構ですが、実際に理事や監事という役割を担うのは個人であり、法的には生協法人と別の人です。役員に就任したときに、生協との関係でどのような義務を負うかは、生協法人と役員との間にどのような法的関係があるかによります。この項では、役員と法人としての生協がどのような関係にあるのか、その関係によって役員が負うべき義務は何か、といった点について説明していきます。

〈生協法人と役員との関係〉

　生協法人と役員との関係について、生協法第29条の2は「組合と役員との関係は、委任に関する規定に従う」と定めています。これは2007年の改正によって新たに加わった規定ですが、それ以前から、会社法や農協法など他の協同組合法の規定状況との関係で、生協法人と役員とは委任関係にあり、民法の委任に関する規定が適用されるという解釈が通説となっていました。この規定は、こうした解釈を明文化したものです。

　（注）「委任」とは、契約などの法律行為を委託することをいいます。これに対して、法律行為でない事務の委託は「準委任」と呼ばれていますが、委任に関する規定が準用されています。例えば、理事が職員を雇ったり、事務所を借りるのは契約なので委任にあたり、理事が委員会で理事会の報告をしたり、監事が監査するのは準委任にあたります。生協と役員との関係は、厳密に言

えば、委任と準委任の併合した契約関係といえます。

〈善管注意義務〉

　民法の委任に関する規定の中には、「受任者は、委任の本旨に従い、善良な管理者の注意をもって、委任事務を処理する義務を負う（第644条）」という規定があります。これは、委任契約における当事者の基本的な権利義務関係を定めた規定です。この規定によって委任を受ける側（受任者）が負うべき義務のことを「善管注意義務」といいます。

　「善良な管理者の注意」とは、物や事務を管理する職業や地位にある人として、普通に必要とされる程度の注意を意味しています。生協の理事や監事は、事業体の経営や業務に携わる者として、あるいは事業体の財産管理や業務執行を監査する者として、普通に必要とされる程度の注意を払うことが必要なのです。

　もっとも、どの程度の注意を払えば善管注意義務を果たしたことになるか、というのは判定が難しい事項です。この点については、後述する役員の責任とも関係する問題なので、どのような場合に善管注意義務違反として責任を問われるかという視点から、コラム（1－④から1－⑦）の中で少し詳しく述べていきたいと思います。29ページ以降をご参照ください。

〈忠実義務〉

　生協法第30条の3第1項では、「理事は、法令、定款及び規約並びに総会の決議を遵守し、組合のため忠実にその職務を行わなければならない」と定めています。これも2007年の改正によって新たに加わった規定ですが、それ以前から各生協の定款では、役員についてこれと同様の規定を設けており、実践的には新しいものではありません。

　この義務は忠実義務と呼ばれており、理事という地位を利用して自分の利益を図るようなことをせず、一切の私心を去って生協のために忠実に職務を遂行せよという意味です。生協の理事は善管注意義務と忠実義務の2つの基本的義務を負うことになり、この2つは一体的に理解することが適切です。

━━ まとめ ～～～～～～～～～～～～～～～～～～～

　◇生協法人と役員とは委任関係にあり、民法の委任に関する規定
　　が適用される。

　◇役員は生協に対して、善管注意義務を負い、理事はそれに加え
　　て忠実義務を負っている。

～～～～～～～～～～～～～～～～～～～～～～～～～～～～～～～

４．役員の負うべき法的責任の基本

　冒頭に述べた通り、生協法では役員の法的責任について2007年の改正で、新たに規定が設けられましたが、法的責任は改正によって新たに生じたわけではなく、従来から解釈により認められてきたものが法に明記されたということです。ここでは、生協法に定める役員の法的責任の基本的な考え方について説明していきますが、その際に2007年改正以前の解釈による考え方との関係についても触れることとします。

〈法的責任とは〉

　ふだんのくらしの中で、「自分の責任だ」というとき、ルール違反の行為について、自分が非難されたり、制裁を受けても仕方がないということを意味しています。これには、いろいろな次元の「責任」があり得ます。一般に、役員が「責任を負う」「責任を取る」といった場合にも、責任の取り方は辞任、解任、降格、減俸、賠償などさまざまです。それは、ここでいう「責任」に、道義的責任、経営責任、法的責任などいろいろな種類の責任が混ざっているからです。

　法的責任とは、法に反する行為に対する法律的な制裁のことをいい、民事責任と刑事責任に大別されます。民事責任は他人に与えた損害を賠償する責任、刑事責任は犯罪に対する刑罰を意味します。例えば、他人の物をわざと壊した場合には、器物損壊罪（刑法第261条）により３年以下の懲役または30万円以下の罰金もしくは科料に処せられるとともに、その人に対して物を壊したことによる損害を賠償しなければなりません。この例で言えば、器物損壊罪による刑罰が刑事責任、

損害賠償責任が民事責任にあたります。

　生協の役員が負うべき法的責任にも民事責任と刑事責任があります
が、ここでは民事責任に限定して説明します。なお、以下、「責任」
という言葉は民事責任を意味するものとして使用します。

〈生協に対する責任～生協法第31条の3第1項〉

　役員が負うべき責任の1つは生協に対する責任です。生協法第31条
の3第1項は、「役員は、その任務を怠ったときは、組合に対し、こ
れによって生じた損害を賠償する責任を負う」と規定しています。こ
こで、「その任務を怠った」とはどういう場合か、という点が問題と
なりますが、この点については前項で述べた役員の基本的な義務が関
係してきます。

　前述の通り、生協と役員とは委任関係にあり、受任者である役員は
委託された事務を善管注意義務（理事の場合は、これに加えて忠実義
務、以下、「善管注意義務・忠実義務」）をもって処理する法的な義務
（債務）を負っています。この義務に違反した場合に、上記の「その
任務を怠った」場合に該当することになります。2007年改正以前は、
善管注意義務・忠実義務に違反した場合に、民法第415条の債務不履
行責任（注）に関する規定が適用され、そのことによる損害に関して
賠償責任が生ずると解釈していました。現行では、民法の一般原則に
よるのではなく、生協法自体に責任の根拠となる規定を設け、役員が
生協に対して責任を負うべき場合を明確にしています。

　（注）一般に、契約などによって負っている義務を果たさず（債務を履行せず）、
　　　そのことで債権者に損害を与えた場合、債務者はその損害を賠償する責任を
　　　負います。これを債務不履行による損害賠償責任といいます。例えば、家を
　　　借りている人が期限までに引き渡さなかった場合には、そのことによって貸
　　　主に発生した費用（別の部屋の賃借料など）について負担する、というのが
　　　これにあたります。

　理事の基本的な職務は、理事会の議決に参加したり、業務執行の状
況を監視・監督することです。監事の基本的な職務は、生協の財産管
理や業務執行の状況について監査し、意見を述べることです。こうし
た職務を遂行するにあたって、善管注意義務や忠実義務を果たさず、

その結果として生協に損害を与えた場合、役員は生協に対して生協法第31条の3第1項による損害賠償責任を負います。

　ここで、役員の責任は職務の遂行にあたって義務を果たしたかどうかが問われるのであって、いわゆる結果責任ではないということは理解しておく必要があります。例えば、事業が失敗して赤字になっても、その過程に義務違反がなければ、道義的責任や経営責任は別として、役員に法的責任はありません。

〈第三者に対する責任〜生協法第31条の4〉

　役員が負うべき責任のもう1つは、第三者に対する責任です。生協法第31条の4第1項は、「役員がその職務を行うについて悪意又は重大な過失があったときは、当該役員は、これによって第三者に生じた損害を賠償する責任を負う」と規定しています。2007年改正以前は、民法第709条の不法行為責任（注）に関する規定により、役員が職務を遂行する上で取引先などの第三者に損害を与えた場合には、その第三者に対する故意や過失があれば、損害賠償責任を負うと解釈されてきました。これに対して、現行では、役員として果たすべき任務への違反に関して悪意や重過失があれば、第三者に対する故意や過失を問題とすることなく、損害賠償責任を負うことになります。

　（注）不法行為責任とは、故意または過失によって他人の権利を侵害した場合に、相手方に対してその損害を賠償する責任をいいます。例えば、車を運転していて他人の家の塀を壊してしまった場合に、その損害を賠償するというのがこれにあたります。

　また、役員が第三者に対して損害賠償責任を負う典型的な場合については、第31条の4第2項で規定されています。

理事…
- 決算関係書類の重要事項の虚偽記載（粉飾決算）
- 虚偽の登記
- 虚偽の公告

監事…
- 監査報告の重要事項の虚偽記載

　これらに該当する場合、役員は注意を怠らなかったことを証明しない限り、そのことで第三者に生じた損害を賠償する責任があります。ここで、「注意を怠らなかったこと」とは、「過失がなかったこと」を意味していますので、理事については決算・登記・公告の虚偽の場合、監事については監査報告の虚偽の場合には、重大でない過失についても損害賠償責任が認められていることになります。

　2007年改正以前の事案ですが、当時の釧路市民生協の組合債をめぐる損害賠償請求訴訟は、役員の第三者に対する責任が問われた事例です。釧路市民生協は長年にわたる赤字を粉飾決算で隠し、巨額の組合債で運転資金を調達していました。同生協は最終的に破綻し、和議によって組合債の債権が25％カットされたため、これを不服とする組合債の債権者がその損害賠償を元の役員の一部に対して求めました。裁判所は、理事に正しい決算書類を作成する義務、監事に正しい決算書類が作成されるよう監視する義務があるとし、被告（訴えられた元役員）はこれに反して原告（訴えた組合債の債権者）に対して損害を与えたのだから、その損害を賠償する責任があるという判決を下しました。

　なお、役員の第三者に対する責任についても、役員の責任が問われるか否かは職務の執行にあたって必要とされる注意を果たしていたか否かによるのであり、いわゆる「結果責任」ではありません。

〜〜　まとめ　〜〜〜〜〜〜〜〜〜〜〜〜〜〜〜〜〜〜〜〜〜〜〜〜〜〜〜〜

　◇役員は、任務を怠った（＝善管注意義務・忠実義務に違反した）ことによって、生協に損害を与えた場合、その損害を賠償する責任を負う。

　◇役員の第三者に対する損害賠償責任は、職務を行う上での悪意・重過失があった場合に生ずるのが原則である。

〜〜

5. 役員の生協に対する責任の軽減制度

　役員が損害賠償責任を負うことになった場合、その金額はかなりの額になります。しかし、事業を行うことはリスクを伴うことであり、過失があったかどうか微妙な場合にまで多額の責任を問われることになると、役員に対して過酷な結果になってしまいます。そうなると、役員のなり手がいなくなり、生協の存続そのものが危うくなってしまうおそれもあります。

　そうした趣旨から、役員の生協に対する責任については、総（代）会の特別議決により一定の範囲で軽減（一部免除）できる制度が設けられています。ここでは、その制度について説明しますが、前提として強調したいのは、軽減制度は損害賠償責任あり（＝善管注意義務・忠実義務への違反あり）と認められた役員についての問題であり、そもそも損害賠償責任がない場合には関係がないということです。詳細は本章末尾のコラムを参照していただきたいのですが、非常勤の役員に法的責任が認められるケースはそれほど多くないと思われるので、その点は十分にご理解ください。

　なお、役員の第三者に対する責任については、軽減制度がありません。第三者に対する責任を軽減するかどうかは、損害賠償請求権を持っている第三者自身が決めることで、他人である生協法人側の手続きで軽減することはできないからです。

〈軽減制度が適用される条件〜故意・重過失がないこと〉

　軽減制度が適用されるのは、その役員が「職務を行うにつき善意でかつ重大な過失がないとき」に限られます。ここでいう「善意」とは、事情を知らないことを意味します。したがって、事情を知りつつ故意に（＝わざと）行った場合や、重大な過失があった（＝ひどく不注意な）場合には、この制度による軽減をすることができない、ということです。

〈軽減の決定〜総（代）会の特別議決〉

　責任の軽減は、総（代）会に議案として提出し、特別議決を得ることが必要です。議決にあたっては、総（代）会に次の事項を示す必要があ

ります。つまり、具体的に責任を負うことになった後でしか軽減はできず、例えば役員に就任する時点であらかじめ責任の範囲を限定しておくことはできません。

（a）責任を負うことになった経緯と、賠償責任を負う額

（b）軽減することができる限度額とその算出根拠

（c）軽減の理由と軽減額

なお、理事の責任の軽減に関する議案を総（代）会に提出する場合は、監事全員の同意を得ておく必要があります（法第31条の3第6項）。

〈軽減後の最低額〜報酬額に応じた設定〉

軽減する場合でも、無制限ではなく、軽減後の賠償責任額の最低額が法律により定められています。それは、次の通りです。

代表理事	……	基礎額（注）の6倍
他の理事	……	基礎額の4倍
監　事	……	基礎額の2倍

（注）基本的に、役員報酬と役員退任慰労金の1年分の合計額が基礎額となります。

なお、上記の金額はあくまでも最低額であり、具体的な軽減額は総（代）会の特別議決により決まるので、自動的に上記の金額まで軽減されるわけではありません。

〜〜 まとめ 〜〜〜〜〜〜〜〜〜〜〜〜〜〜〜〜〜〜〜〜

　◇役員の生協に対する責任が、「故意」や「重過失」に基づくものでない場合、総（代）会の特別議決によって軽減できる。理事の責任軽減の場合、総（代）会への提案前に監事全員の同意を得ることが必要である。

　◇総（代）会には、責任を負うことになった経過や賠償責任額、軽減額とその理由などを示す必要がある。

　◇軽減の限度は、報酬額を基礎に一定の係数を掛けた数値が法により定められている。

〜〜〜〜〜〜〜〜〜〜〜〜〜〜〜〜〜〜〜〜〜〜〜〜〜〜〜

6．役員の責任に関連した費用・損失の補填

　役員の責任が追及される事態になった場合、その対応のために弁護士に相談・依頼するための費用が必要になります。加えて、もし責任が認められてしまった場合、上記の軽減制度が活用できたとしても相当な金額の賠償が求められる可能性があります。これらの費用や損失のリスクによって、役員になることをためらわせたり、役員としての職務の遂行を委縮したりすることにつながるとすれば、生協運営にとって大きなマイナスになります。

　こうした問題に対応するため、株式会社では従来から「役員補償契約」「役員賠償責任保険」といった方法により、役員にかかった費用や損失の補填を図ってきましたが、法律上の規定はありませんでした。2019年に会社法とともに生協法も改正され、これらの方法に関する規定が設けられました。

　「役員補償契約」は、役員の責任が追及された場合の対応費用や、責任が認められた場合の損害賠償などによる損失について、生協が役員に対して補填する旨の契約です。こちらは、株式会社でも活用例は限られており（外部から有名な経営者を招聘する場合など）、生協でも活用例は限られると思われるので、説明は省略します。

　「役員賠償責任保険」は、役員の責任が追及された場合の対応費用や、責任が認められた場合の損害賠償などによる損失について、保険会社から給付される保険金によって補填することを目的とする保険です。生協の役員向けには「生協役員賠償責任保険」（保険会社：共栄火災海上保険株式会社など、代理店：株式会社アイアンドアイサービス）があり、多くの生協が加入しています。「生協役員賠償責任保険」は、生協を契約者、役員を被保険者（保険契約で定めた費用・損失が生じた場合に保険金が給付される人）として加入しますが、こうした保険にあらかじめ加入しておくことで、もし役員の責任が追及された場合でも、費用や損失を保険金によって補填することができます。ただし、当然ながら、故意に生協や第三者に損害を与えた場合は保険金が給付されません。

　役員賠償責任保険に加入する場合、保険契約の内容を理事会で決議しなければなりません（法第31条の７）。また、保険に加入した場合は法令で定める事項を事業報告書に記載することが必要になります（施行規則第125条第３号の２）。

～～ まとめ ～～～～～～～～～～～～～～～～～～～～～～～～～～～～

　◇役員の責任が追及された場合、対応費用や損害賠償などによる損失が発生するが、これらを補填する方法として「役員補償契約」「役員賠償責任保険」がある。
　◇「役員補償契約」は、生協と役員との契約により、生協から対応費用や損失を補填するものだが、活用例は少ない。
　◇「役員賠償責任保険」は、対応費用や損失を保険金で補填するために、生協を契約者、役員を被保険者（保険金の給付対象）として加入する保険であり、多くの生協で活用されている。保険加入の際には、保険契約の内容を理事会で決定する必要があり、加入した場合は法定の事項を事業報告書に記載する必要がある。

～～～～～～～～～～～～～～～～～～～～～～～～～～～～～～～～～～～

　以上、生協理事の権限と責任に関して、法人とは何かから始まって、生協の役員が負うべき法的責任の基本的考え方、役員の生協に対する責任の軽減制度、責任が追及された場合の役員の対応費用や賠償金による損失の補填に至るまで、一通り説明してきました。しかし、実際にどのような場合に役員が責任を負うのかは、かなり難しい問題です。この点についてはコラムで少し詳しく説明しているので、そちらもご参照ください。

コラム１−④　理事の責任〜粉飾決算

　粉飾決算は、決算関係書類などを事実と異なる形で作成することですが、生協の財産の状況をごまかし、事業経営の立て直しへの着手を遅らせ、取

引先や組合債を引き受けた組合員などの債権者に損害を与えるなど、社会的に許されない行為です。生協法第31条の4第2項では、粉飾決算に関連して、決算関係書類の重要事項について事実と異なる記載があった場合、理事が注意を怠らなかったことを証明しない限り、債権者などの第三者に対する損害賠償責任を負うこととされています。

　自ら粉飾決算を指示した理事や、分かっていながら黙認した理事が、生協や第三者に対して責任を負うのは当然のことです。

　問題は、粉飾された決算関係書類が、正しいものとして理事会や総（代）会に提出され、監事による監査でも発見できなかった場合です。このような場合、粉飾決算は後で発覚するのが通例ですが、粉飾に直接関与していない非常勤の理事が責任を負うことになるかどうか、というのは極めて難しい問題です。ここでは、そうした場合の考え方について説明します。

　生協法では今までの説明の通り、責任の有無は適切な注意を払っていたかどうか、注意を払っていたとしたら粉飾を発見できたのか、ということにかかってきます。粉飾決算が非常に巧妙に行われていて、専門家であっても発見することが難しいといったものであれば、非常勤の理事が適切な注意を払っていたとしても発見できなかったであろうと認定されるのが通例ですから、責任は免れることになるでしょう。逆に、注意して見れば不自然さに気づくはずだと認定されれば、責任を負うことになります。つまり、粉飾の巧妙さがどの程度のものであったかによって、責任を負うか否かが変わってくるということです。

　粉飾の巧妙さの認定というのは非常に微妙な問題ですが、その認定に大きな影響を与える要因としては、専門家である公認会計士の監査を受けているか否か、ということがあります。つまり、公認会計士の監査でも発見できなかったという事実があれば、専門家ではない非常勤の理事が発見することはより困難であろうという推論が成り立つからです。このような場合には、非常勤の理事の損害賠償責任は否定される場合が多いと考えられます。もっとも、公認会計士の監査を受けていても、理事が業務執行に関する監視・監督という職責を担っていることに変わりはありませんから、真摯にその職務を遂行する必要があることは言うまでもありません。

コラム1-⑤　理事の責任〜職員の不正行為

　職員の不正行為によって生協が損害を被った場合、理事は責任を負うことになるのでしょうか。理事は、理事会において業務執行に関する重要事項の決定に関与するとともに、常勤理事による業務執行を監視、監督する義務（監視監督義務）を負っています。これらの義務がどこまで及ぶのかが問題になります。

　理事が生協に対して負っている善管注意義務の中には、生協が法令や定款・規約などの内部規程に従い、適切に運営されるとともに、事業遂行に伴うリスクに対して適切に対処できるようにするためのルールや体制（いわゆる「内部統制」）を適切に構築し、運用する義務が含まれています。職員の不正行為があったような場合は、内部統制が適切に構築され、運用されていたかどうかが問題にされます。内部統制がある程度整備されていて、不正行為がそのすき間をついて巧妙に行われたのであれば、その不正行為を知っていて放置していたり、知ることができる特段の事情があったりしない限り、理事としては法的義務を果たしていたといえるでしょう。これは、株式会社における取締役の監視義務に関する考え方と同じです。

　以上のことから、このような場合に非常勤の理事が責任を負うかどうかは、当該生協の運営の実情なども考慮しつつ、必要な内部統制が整備されていたかどうかが問われ、その上で、職員の不正行為を知り得た場合には責任あり、知り得ない場合には責任なしという形で判断されるのが基本的な考え方となります。したがって、内部統制を適切に構築し、運用することがまずもって重要ですが、その上で、理事会に報告されない個々の業務執行の状況について非常勤の理事が知ることは難しいので、責任が認められるケースはあまりないと考えられます。

コラム1-⑥　理事の責任〜経営判断ミス

　生協が新規に出店する場合、その計画について理事会で十分吟味し、総（代）会でも確認して行うことになります。それにもかかわらず、いろいろ

な要因で予定した供給高に届かず、赤字になるというケースもあるでしょう。こうした場合、非常勤の理事は責任を負うことになるのでしょうか。

　生協は事業体であり、一定の資本をもとに、リスクとリターンを計算して事業を経営していかなければなりません。しかし、事業経営は常に成功するとは限らず、見込んだ収益が得られず赤字になってしまう場合もあります。後からふりかえってみて、経営判断に疑問があるケースのすべてについて役員の責任を認めることになると、役員にとっては酷な結果になりかねませんし、ひいては経営判断が萎縮して適切な生協運営ができなくなってしまうおそれもあります。

　そうしたことから、商法・会社法の判例上は取締役の裁量権を尊重し、「取締役の行為がもっぱら会社の利益を図る目的でなされ、一般経済人の立場から見て明らかに不合理と認められずかつ欺罔行為等違法な手段を用いたものでない限り会社に対する任務懈怠（任務を怠ること――筆者注）にあたらない」「事業の特質、判断時の状況等を考え合わせて、当初から会社に損害を生じることが明白である場合またはそれと同視すべき重大な判断の誤りがある場合でなければ取締役としての任務を懈怠したことにはならない」（新日本法規『事例で見る会社役員の責任』、52〜53ページ）という考え方がほぼ確立されています。

　これは、アメリカの判例で採用されている経営判断の原則と同様の考え方に基づいたものです。日本監査役協会の『監査役監査基準』の中にも、大要次の内容で経営判断の原則がまとめられており、生協の監査でも理事会などによる意思決定については、経営判断の原則を基準にするべきと考えられています。

　①　意思決定内容に、違法性がないこと（適法性）
　②　意思決定過程が、合理的であること（合理性）
　③　事実認識に、重要かつ不注意な誤りがないこと（相当性）
　④　意思決定内容が、通常の企業経営者として明らかに不合理でないこと（妥当性）
　⑤　意思決定が、会社の利益を第一に考えていること（忠実性）

　生協においても、経営判断に関する理事の責任の有無については、この考え方によることが妥当と考えられます。もっとも、生協においては、事

業計画および予算が法律によって総（代）会の決定事項とされており、店舗の設置や新規事業などについても多くの生協では、事業計画の一部として総（代）会で決めています。理事会には総（代）会への提案権があるため、総（代）会で決めたからといって一概に責任がないとは言えません。しかし、出店計画を立てるにあたって十分な論議を行い、その上で総（代）会に提案している限り、少なくとも非常勤理事が責任を問われることはあまり考えられないでしょう。

コラム1−⑦　監事の権限と責任

　監事は生協の監査機関として、生協の財産状況や理事による業務執行の状況について監査し、意見を述べるという職責を負っています。そのため、監査をするために資料を請求したり、役職員から聞き取りをしたりすることや、意見を述べるために理事会や総（代）会に出席したり、場合によっては理事会や総（代）会の招集を請求することもできます。

　監事は独任制の機関ですから、一人でも生協を監査して意見を述べることができます。監事は業務執行に関わる権限を持っていませんが、現実の運営では、監事の意見は大きな影響力があります。監事の権限も生協の適正な運営を図るために与えられているものですから、独り善がりな意見で生協の円滑な運営を阻害することがあってはなりません。監査を行った結果については、監事の間でよく協議をして認識を共有することが必要です。もちろん、監事は独任制の機関ですので、協議を尽くしてもなお意見が食い違う場合には、多数決で結論を決めるのではなく、両方から意見を提出することになりますが、きちんと協議するというプロセスを経ることが、適正な監査意見の形成の上でとても大切です。

　監事の監査権限については、原則として適法性の範囲にとどまり、著しく不当である場合を除いて妥当性の範囲には及ばないといわれています。この点について、少し説明しておきましょう。

　適法性とは、法令や定款、諸規程などに沿って生協の財産管理や業務執行がなされているかどうか、という次元の問題です。これに対して妥当性

とは、法令や定款、諸規程などに沿っていることを前提に、理事会や理事の経営判断などが的確であるかどうか、という次元の問題です。

　例えば、物流センターへの投資について考えてみます。こうした投資案件については、定款の規定により理事会の議決事項とされているのが通例ですが、それにもかかわらず理事会の決定を経ずに投資を行った場合には、定款に定める手続きに違反していることになります。これは適法性の問題ですから、監事としては問題を指摘することが適切です。一方、物流センターへの投資が、コスト削減効果や将来の発展への備えという経営上のプラスの効果を考慮してもなお過大であり、投資規模を少し縮小した方が経営的には良い効果があるのではないか、という問題があったとします。これは妥当性の問題ですから、その判断が経営判断の原則に照らして問題がある場合（例えば、事業見通しから見て明らかに投資回収計画に無理があるなど）以外は、監事の権限外の問題となります。

　さて、監事はどういう場合に法的な責任を問われることになるのでしょうか。監事の場合も、理事と同じように、生協に対する法的責任と、第三者に対する法的責任の両方について考えておく必要があります。

　監事が生協法人との間で委任と準委任の併合した法律関係にあること、そのために監事が生協法人に対して善管注意義務を負っていることは理事の場合と同じです。しかし、理事が生協の業務執行に関わる事項を委託されているのに対して、監事は生協の監査に関わる事項を委託されている、という点が異なっています。適法性に関わる問題としては、具体的には、粉飾決算、不正行為、法令や定款・諸規定などに則らない業務執行などを、故意に（わざと）、または過失により（うっかり）見過ごし、その結果として生協や第三者に損害を与えた場合に、損害賠償責任を負うことになります。経営判断に関しても、経営判断の原則に反する決定について、故意または過失により見過ごし、その結果として生協や第三者に損害を与えた場合は、責任を問われる可能性があります。監事も、理事会に提出された資料や理事会での議論が経営判断の原則に照らして問題があるのではないか、と思われる場合は、質問して説明を求めるなどの対応が必要となります。

　近年、役職員の不正行為について、直接その不正行為を知り得たかどう

かという問題にとどまらず、そのような不正行為を防止できる内部統制が適切に構築・運用されていたかが問われるようになっています。その際、最初に責任を問われるのは業務執行の最高責任者（＝代表理事）ですが、次いで監事が責任を問われる例が見受けられます。役職員による不正やミスなどによるリスクについて気がついたことがあったら、監事間で情報共有や意見交換を行い、リスクの重要性に留意しつつ、理事側に伝えて注意喚起することが適切です。

　なお、現行の生協法では会社法にならって監事の権限が強化されており、監事の監査機能が重視されています。これに応える監事体制をどうつくるかは実践的に大きな課題であり、特に一定規模以上の生協では常勤監事の設置を含めた検討が必要になっています。

第2章

生協の機関運営について考える

生協の機関の構成と、それぞれの機関の基本的な位置付けについては、第1章の「2．機関とは」の部分で説明しました。各機関の具体的な職務・権限や総（代）会・理事会の運営については、法令・定款でさまざまなルールが定められています。

　生協に関する基本的なルールは生協法（法律）のほか、生協法施行令（政令：内閣が定めるもの）、生協法施行規則（厚生労働省令：厚生労働大臣が定めるもの）で定められています。法律と政令・省令を合わせて「法令」と呼びますが、各生協では法令に従って定款・規約などの自主ルールを定めることになります。

　定款については、生協法第26条第2項に基づき行政庁による模範定款例が定められており、多くの生協ではこれに従って定款を作成しているのが実情です。模範定款例には法律に直接定められていないルールも含まれていますが、模範定款例自体はあくまでもモデルであって、それ自体に法的な拘束力はありません。しかし、同じ内容を各生協の定款で定めた場合には、その生協を拘束するルールとなります。

　理事としての職務を行っていく上では、とりわけ、生協の機関運営に関する法令・定款上のルールを理解しておく必要があります。第2章では、その基本的な内容を説明していきます。

　なお、以下の記述において単に「法」とある場合は、生協法を指します。

> ### コラム2−① 生協の機関運営の構造
>
> 　生協は組合員の組織であり、組合員の意思に基づいて運営される必要があります。その一方、生協の事業が大きくなり、かつ多様化する中で、迅速・適正な経営判断も求められています。生協法は、決算の承認、事業計画などの決定、役員の選出を総（代）会の権限としつつ、理事会を法定化し、監事の権限を強化することによって、こうした要請に対応しています。さらに、総（代）会、理事会・代表理事、監事の各機関によるチェック＆バランスがうまく働かずに不適正な運営が行われている場合には、組合員自身が直接請求権や訴権を行使して是正を図る方法も用意されています。

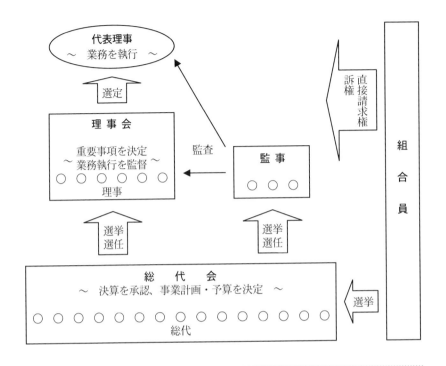

１．総(代)会

(1) 総会と総代会

　総会は、組合員全員で構成される会議体であり、生協という法人の意思を決定するための機関として必ず設置しなければなりません。

　もっとも、一定の規模以上の生協の場合には、総会を開いてもあまりに参加者数が多いため会議が形骸化するおそれがあります。そうした理由から、組合員500人以上の生協では、定款の定めるところにより、総代会を設置することができます（法第47条）。総代会では、解散・合併を含め、総代の選挙以外の事項をすべて決定できるので、総代会を設置した場合には、総会を開催することはほとんどなくなります。

　総代会の構成員は総代です。総代は、組合員の代表として総代会に

出席し、決算の承認や事業計画・予算の決定などに参画する重要な役割を負っています。そのため、定数、任期などについては定款に記載しなければなりません。総代の選出についても、定款の定めるところにより、組合員のうちから選挙することになっています。定款または規約で選挙手続について定め、選挙によって選出することが必要です。

　総(代)会は、このように生協にとって大切な機関ですから、招集などの事前手続や、開会～議案提案～審議～採決（議決）の一連の当日運営について、法令や会議体の一般原則に沿って適正に行われなければなりません。法令に違反したり、会議体の一般原則に照らして著しく不公正な議事運営があった場合には、総(代)会の議決が取り消されるおそれもありますので（組合員等の訴訟、総代（組合員）の10分の1以上による行政庁への請求）、十分に留意する必要があります。

(2) 総(代)会の議決事項

　生協は組合員の組織なので、生協の運営に関する重要な事項については、組合員が直接・間接に参加する総(代)会で議決することが義務付けられています。総(代)会の議決事項は次の通りです（法第40条第1項）。

---

① 定款の変更
② 規約の設定・変更・廃止
③ 解散・合併
④ 事業計画の設定・変更
⑤ 収支予算
⑥ 出資1口金額の減少
⑦ 事業報告書・決算関係書類（貸借対照表・損益計算書・剰余金処分案［損失処理案］）
⑧ 組合員の除名と役員の解任
⑨ 連合会への加入・脱退
⑩ その他定款で定める事項

　この他にも、役員の選挙・選任（法第28条）、理事・監事の報酬の決定（準用会社法第361条・第387条）、役員の生協に対する責任の軽減（法第31条の３）などは、総(代)会で行うことになっています。

　総(代)会の議決事項のうち、毎年決めることが必要なものがいくつかあります。具体的には、④、⑤、⑦、理事・監事の報酬の４つですが、これらの事項を審議、決定するのが通常総(代)会です。通常総(代)会は、毎年１回必ず開催しなければなりません（法第34条）。

　通常総(代)会以外に、必要性があると理事会が判断した場合や、一定数の組合員（総代）から請求があった場合に開催するのが、臨時総(代)会です。

　もっとも、通常総(代)会も臨時総(代)会も総(代)会としての権限は同じであり、例えば通常総(代)会で他の事項（定款の変更など）について審議、決定しても差し支えありませんし、現実にそうした運営を行っています。

　なお、総(代)会に提出する議案や書類については、事前に監事の調査を受ける必要があります。調査の結果、法令・定款への違反や著しく不当な事項があった場合、監事は総(代)会に報告する義務があります。したがって、総(代)会に提出する議案書や資料について理事会で確認する際には、あらかじめ監事の調査を受け、指摘事項があれば是正することが求められます。

(3) 総(代)会の招集

　総(代)会を招集する際には、法令で定める事項を理事会で決定しなければなりません（法第37条）。理事会での決定が必要な主な事項は次の通りです。

---

　①　日時・場所
　②　議題（会議の目的である事項）
　③　書面議決書の提出期限
　④　書面議決書に賛否の記載がない場合の取扱い
　⑤　書面議決書が重複して出された場合の取扱い

---

⑥　代理人の代理権の証明方法

　これらの事項を理事会で決定したら、決定事項を漏れなく記載した招集通知を作成し、総(代)会の10日前までに各組合員（総代）に対して発送しなければなりません（法第38条）。通常総(代)会の場合は、招集通知に事業報告書・決算関係書類と監査報告を添付することが必要です（法第31条の９）。
　加えて、総(代)会を欠席する組合員（総代）が書面により議決権・選挙権を行使することを定款で認めている生協では、議案書の送付も必要となります。議案の内容や候補者名が事前に通知されていなければ、欠席する組合員（総代）が書面によって議決権・選挙権を行使する権利が実質的に保障されないからです。

(4) 総(代)会の議事運営
　会議体には定足数があるのが一般的ですが、生協法は総(代)会について特に定足数を定めていません。しかし、総(代)会は生協の運営に関する重要な事項を決定する機関なので、各生協の定款では組合員（総代）の半数を総(代)会の定足数とするのが通例です。ですから、半数以上の組合員（総代）の出席がなければ総(代)会を開催できません。
　総(代)会の議長については、そのつど選任することになっています（法第41条第２項）。資格について特に明文の規定はありませんが、議決権がある者でなければ議長になれない、というのが会議体の一般原則ですし、後述するように議長は可否同数の場合のキャスティング・ボートを持っていることから、組合員（総代）の中から選任することが必要です。議長は、総(代)会運営の責任者として、総(代)会の秩序を保ち、議事を整理して、合理的な時間内に議事日程を終了させるという任務を負っています。
　総(代)会での議決権や選挙権は各組合員（総代）とも１票です。単位生協の場合、例外はありませんが、連合会の場合には、会員の組合員数に基づいて議決権や選挙権を配分することができます（法第17条第１項）。

　総（代）会には、組合員（総代）本人が出席するのが原則ですが、当日に都合で出席できない組合員（総代）にも権利の行使を保障する趣旨から、書面や代理人による議決権や選挙権の行使が認められています（法第17条第２項）。総会における代理人は組合員か組合員の家族、総代会における代理人は組合員でなければなりません。総代会における代理人は、総代が組合員の代表であることから、その資格が組合員に限定されています。また、１人の代理人が代理できる組合員（総代）の数は、９人（２人）までです（法第17条第５項）。書面や代理人による議決権や選挙権の行使は、多数を占めると総（代）会の形骸化につながるおそれがあるので、認めるかどうかも含めて各生協の判断に委ねられていますが、認める場合には定款に定めなければなりません。

　総（代）会で組合員（総代）から説明を求められた場合、原則として役員は説明をしなければなりません。これは会議体の一般原則から当然のルールですが、議題・議案と関係しない事項である場合、説明により組合員共同の利益が害される場合、調査が必要ですぐに回答できない場合などは、例外的に説明義務が免除されています（法第43条）。

　総（代）会での議決の方法については、通常議決と特別議決があります。通常議決は、出席者の過半数で成立し、可否同数のときは議長が決裁します（法第41条第１項）。特別議決は、組合員（総代）の半数以上の出席のもとに、出席者の３分の２以上の多数で成立します（法第42条）。特別議決が必要な事項は次の通りです。

---

① 　定款の変更
② 　解散、合併
③ 　組合員の除名
④ 　事業の全部譲渡、共済事業の譲渡と共済契約の包括移転
⑤ 　役員の生協に対する責任の軽減（一部免除）

　なお、議長は議決に参加することができませんが、可否同数の場合には議長がキャスティング・ボート（可否同数の場合の決裁権限）を握ることになっています（法第41条第１項）。

このほか、総(代)会運営に関するルールは、各生協の総(代)会運営規約によって定められていますが、その内容は会議体の一般原則に沿ったものであることが必要です。

(5) 総(代)会の議事録

　総(代)会を開催した場合、法令で定める事項を記載した議事録を作成しなければなりません（法第45条）。議事録の記載事項について、省令では次のように定めています。

---

① 　開催した日時・場所
② 　議事の経過の要領と結果
③ 　次の場合には、その意見・発言の概要
　・監事が、監事の選任・解任・辞任について意見を述べた場合
　・監事を辞任した者が、辞任した旨と辞任の理由を述べた場合
　・監事が、総(代)会提出議案・書類に法令・定款への違反や著しく不当な事項があると認めて調査結果を報告した場合
　・監事が、監事の報酬等について意見を述べた場合
　・決算関係書類が法令・定款に適合するかどうかについて、会計監査人と監事の意見が異なり、会計監査人が意見を述べた場合
　・総(代)会で会計監査人の出席を求める決議があり、会計監査人が出席して意見を述べた場合
④ 　出席した理事・監事の氏名、会計監査人の氏名または名称
⑤ 　議長の氏名
⑥ 　議事録を作成した理事の氏名

　総(代)会議事録への署名や記名押印については、法令上は特段の定めがありませんので、定款・規約の規定によることになります。ここで、「署名」とは自分の手で名前を書くこと、「記名」とはそれ以外の方法（ゴム印、ワープロでの印刷など）により名前を書くことをいいます。模範定款例では、議事録を作成した理事と議長が署名または記

名押印することになっています。ただし、2007年生協法改正前の慣行
との関係で、議長と議事録署名人（総（代）会で選任された組合員（総
代））2名が署名または記名押印する形で定めることも認められてい
ます。

～～ **まとめ** ～～～～～～～～～～～～～～～～～～～～～～～～～
　◇組合員全員で構成される総会は必須の機関だが、組合員500名
　　以上の生協では総代会を設置でき、解散・合併を含めて、基本
　　的にすべての事項を総代会で決定できる。
　◇生協運営の基本となる事項は、総（代）会の議決事項として法定
　　されている。
　◇総（代）会の招集については、法令に詳細な定めがある。
　◇総（代）会の議事運営は、法令のほか、会議体の一般原則に沿っ
　　て各生協が総（代）会運営規約で定めたルールによる。
　◇総（代）会の議事録には、法令の定める事項を記載し、議事録を
　　作成した理事と議長が署名または記名押印する。
～～～～～～～～～～～～～～～～～～～～～～～～～～～～～～～～～

2．理事会・代表理事

（1）理事会の位置付けと代表理事
　理事会は、生協の財産管理を含む業務執行全般に関する重要な事項
を決定するとともに、代表理事による業務執行の状況を監視・監督す
る機関です。総（代）会は基本的に年1回しか開催されないため、理事
会が生協の日常運営の要になります。
　理事会をどのくらいの頻度で開催すべきかについて、法律上の規定
は特にありませんが、模範定款例第31条第6項では「理事は3月に1
回以上業務の執行の状況を理事会に報告しなければならない」と規定
しています。この規定による場合、少なくとも3カ月に1度は理事会
を開催することが必要となりますが、実際の運営では、月次単位で事
業や経営の状況をチェックできるように、月1回程度の頻度で開催す

ることが望ましいと考えます。

　理事会はすべての理事で構成される会議体であり、すべての理事が出席し、議決に参加することになります（法第30条の４）。また、監事も理事会に出席し、必要があるときには意見を述べることが義務付けられています（準用会社法第383条）。監事は厳密な意味での理事会の構成員ではありませんが、重要事項の決定や理事の職務執行状況の監督にあたる理事会への出席が、理事の職務執行の状況を監査するという監事の職務に照らして必要だからです。そのため、監事は理事会に出席して意見を述べることはできますが、理事会の議決に参加することはできません。

　理事会の監督のもとで、実際に業務執行にあたるのが代表理事です。2007年改正の前の生協法では理事全員に代表権がありましたが、現行法では代表理事だけに代表権があり、それ以外の理事には代表権がありません。代表理事の人数は法令上特に制限がありませんが、理事長、専務理事など数名とするのが通例です。ただ、常務理事など他の常勤理事が代表理事となっていない場合でも、決裁規程などを通じた権限委譲により、特定の事項について代表理事に代わって契約を結んだりすることは問題ありません。

　代表理事は理事会で選定され、生協の業務に関する一切の行為をする権限を持っています（法第30条の９）。代表理事は理事会で決定された事項についてはその決定に従い、日常業務に属する事項（理事会議決事項でないもの）については自ら判断しつつ、生協の業務を執行します。業務執行の状況については、先に述べた通り理事会の都度報告し、監督を受けることが必要です。

（2）理事会の招集

　理事会は、理事全員が招集する権限を持っています。実際には、どの理事が理事会を招集するかを定款で明記するのが通例であり、模範定款例では理事長が招集する旨を定めています。ただし、このように定めた場合でも、必要性があれば、定款上の招集権者以外の理事は単独で理事会の招集を請求することができます。そして、請求のあった

日から2週間以内の日を会日とする理事会の招集通知が5日以内に出されない場合は、請求をした理事自らが理事会を招集することができます（準用会社法第366条）。

　このように、理事会の招集についてすべての理事に同等の権限が与えられているのは、各理事は理事会の構成員として同格であり、代表理事であるか否か、定款上の役付理事（理事長、専務理事など）であるか否かによって、理事会運営上の序列はない、という考え方によるものです。

　理事会を招集する場合は、会日の1週間前までに、理事・監事の全員に対して招集通知を発することが原則です。しかし、重大な事故や事件が起こった場合など、理事会を緊急に開催することが必要な場合もあるため、1週間という期間は短縮することができます。また、全員の同意があれば招集手続を省略することもできます。招集手続は、理事・監事に対して出席の機会を保障する趣旨から設けられている制度なので、全員が理事会の開催を承知しており、手続きの省略に同意している場合にまで、招集手続を義務付ける必要はないからです。

(3) 理事会の議決事項

　生協法では、理事会に付議しなければならない事項についてまとまった規定を設けておらず、理事と生協の利益が相反する取引（利益相反取引）の承認（法第31条の2）、役員補償契約（法第31条の6）・役員賠償責任保険契約（法第31条の7）を締結する場合の契約内容の決定（※）、総（代）会に付議する決算関係書類等の承認（法第31条の9）、総（代）会の招集に関連する事項の決定（法第37条）などが個別的に定められているにとどまります。

　しかし、理事会は総（代）会の決定した事業計画や予算に基づいて、事業経営を含む生協の運営全般の重要事項を決定するために設置された機関であり、重要事項については理事会に付議されることが必要です。そうした趣旨から、模範定款例第33条では、法定の理事会付議事項のほか、次の5つの事項について理事会に付議することを義務付けています。さらに、理事が生協の事業の部類に属する取引（競業取引）

を行う場合も、理事会の承認が必要とされています（模範定款例第26条第1項第3号）。

---

① 財産や業務執行に関する重要な事項
② 総会・総代会の招集や付議事項
③ 財産や業務執行に関する規則
④ 取引金融機関の決定
⑤ その他理事会が必要と認めた事項

　これらについても、①に関しては「重要な事項」とはどの範囲か、⑤にはどのような事項が含まれるか、など明らかでない部分があります。理事会規則では、そうした部分について明らかにするため、例えば「1件○億円以上の固定資産の取得、改造、修理及び処分に関する事項」など、より具体的な規定を設けることが適切です。

　理事会の議決事項から外れる事項は、理事長、専務理事などの代表理事が自らの権限により決定することができる事項となります。理事会の議決事項をどの範囲で設定するかは、各生協の実情に応じて判断する必要があります。理事会の合議を通じて結論を出していくことは慎重な決定を行う意味で重要である一方、理事会の開催は月1回程度が通例であり、細かいことまで理事会の議決事項にしてしまうと迅速な業務執行の上ではマイナスに働く面もありますし、細かい事項の決定に追われて重要事項の審議に十分な時間が割けなくなるおそれもあります。理事会の議決事項の範囲については、その辺りのバランスを考慮しながら検討することが適切です。

　※　役員補償契約・役員賠償責任保険契約は、いずれも役員が責任を問われた場合の対応費用や損害賠償金等による損失を填補するための契約です。役員補償契約は生協と役員との契約により、生協がその損失を補償するものですが、株式会社を含めて実例は少ないです。役員賠償責任保険はその損失を保険金で補填するための保険商品で、生協でも活用されています。役員補償契約を生協と役員で結ぶ場合や、生協が役員のために役員賠償責任保険に加入する（＝当該保険契約を保険会社と結ぶ）場合には、その内容を理事会で議

決することが必要とされています。

（4）理事会の議事運営

　理事会の議決方法については、次の2つの要件が定められています（法第30条の5第1項）。

---

① 　議決に加わることができる理事の過半数が出席すること
② 　議決に加わることができる出席理事の過半数が賛成すること

　ここで、「議決に加わることができる理事」とは、特別利害関係理事を除く趣旨です。理事会に付議された案件に関して特別の利害関係を有する理事は、議決に加わることができません。①から、そうした理事は理事会の成立に関しても出席者にカウントすることができませんし、理事会の意思として退席要求があれば、これに従う必要があります。特別利害関係理事に該当する典型的なケースとしては、（a）利益相反取引・競業取引（コラム2－②参照）に関する議案において、その取引を行う理事（あるいは、その取引を行う会社の取締役である理事）、（b）代表理事・役付理事の解任議案において、解任される理事、などが挙げられます。

　①②の要件については、理事が15名で、ある案件に関する特別利害関係理事が2名の場合を念頭に考えてみましょう。

［①：理事会が成立するかどうか］
　⇒　特別利害関係理事2名を除いた13名のうち、その過半数（＝7名）が出席
［②：議決されるかどうか］
　⇒　特別利害関係理事以外の出席理事が11名であれば、その過半数（6名）で議決

　なお、理事会への出席は本人出席だけしか認められておらず、総（代）会のような代理人による出席、書面による出席の制度はありませ

ん。理事会の決定は、総（代）会で個人の識見・能力を信任されて選ばれた理事が、一堂に会して協議した上で行うのが原則だからです。本人出席は、会場に直接赴いて参加するのが通常の形ですが、本人が会場に在席するのと同じように参加できる通信環境が整っている場合には、テレビ参加（オンライン参加）も本人出席と扱うことができます。

　しかし、全員が初めから同意見の場合には集まる意味があまりないため、提案された事項に理事全員が同意書面を提出し、監事からも異議が出されなかった場合は、理事会の議決があったものとみなすという扱いを定款で定めて運用することができます（法第30条の6）。

　このほか、理事会に報告すべき事項について、理事・監事の全員に書面などで通知した場合には、重ねて理事会に報告する必要はありません（法第30条の8）。この2つの制度は、理事会を開催することなく、開催したのと同等の効果を生じさせるものですが、多用すると理事会のガバナンス上の機能を弱めるおそれがあるので、あくまで例外的な方法として理解することが適切です。

コラム2-② 　生協と理事との利益相反取引・競業取引

　理事は生協の業務執行を担当する役員であり、事業のノウハウや顧客情報など事業上の機密に関する情報を得ることができる地位にあります。理事が生協と取引をするなど、生協と理事との利益が相反する取引（利益相反取引）については、理事という地位を利用して生協に不当な不利益を与えることが起きやすいと考えられます。そのため、生協法では、理事の利益相反取引について、取引上の重要な事実を示した上であらかじめ理事会の議決を得るとともに、取引後にも取引上の重要な事実を理事会に報告することを義務付けています（法第31条の2）。

　なお、理事が生協の事業と競合する取引（競業取引）を行う場合にも、同様な問題が考えられますが、法律上は特に規定がありません。そのため、模範定款例では理事の競業取引についても利益相反取引と同様のルールを定め、扱いを明確にしています（模範定款例第26条）。

　なお、理事が利益相反取引や競業取引によって生協に不当な不利益を与

えた場合には、「任務を怠った」ことになり、生協に対して損害賠償責任を負う場合があり得るため、注意が必要です。

[利益相反取引]

　利益相反取引には、直接取引と間接取引の2つのタイプがあります。

　直接取引は、理事が「自己または第三者のために生協と取引（契約）すること」をいいます。理事個人が生協と契約する場合や、理事が他の法人の代表者として生協と契約したり、第三者の代理人として生協と契約する場合がこれにあたります。

　間接取引は、理事と生協との取引ではありませんが、生協が第三者との間で行う契約で、生協と理事との利害が相反するものをいいます。代表的なものは、債務保証契約であり、生協の理事が代表者を務める法人が金融機関から借入れを行うに際して、生協がその債務に関する保証契約を当該金融機関と締結する、といったケースが該当します。

[競業取引]

　競業取引とは、理事が「自己または第三者のために生協の事業の部類に属する取引（＝生協の事業と競合する取引）を行うこと」をいいます。理事が個人事業者として競合事業を行う場合も、理事が他の法人などの代表者として競合事業を行う場合も含まれます。

（5）理事会の議事録

　理事会を開催した場合、法令で定める事項を記載した議事録を作成しなければなりません（法第30条の5）。議事録の記載事項について、省令では次のように定めています。

① 　開催した日時・場所
② 　出席した理事・監事の氏名、会計監査人の氏名または名称
③ 　議長の氏名
④ 　議事の経過の要領と結果
⑤ 　特別利害関係理事の氏名
⑥ 　次のいずれかの招集である場合は、その旨

・監事の招集請求による場合
・監事が招集した場合
・定款に定める招集者以外の理事の招集請求による場合
・定款に定める招集者以外の理事が招集した場合
⑦　次の規定による意見・発言がある場合は、その内容
・理事の不正行為等に関する監事からの報告
・監事が必要と認めて述べた意見
・理事が利益相反取引を行った場合の重要事項報告
・役員補償契約に基づき、理事に対して補償を行った場合の重要事項報告

　理事会議事録には、出席した理事・監事全員の署名または記名押印が必要です（法第30条の５）。これは、理事会が法定の機関として位置付けられ、その議事録への記載が役員の責任の認定に影響するため、議事録の記載内容の正確性について出席者全員に点検の機会を保障する必要があるからです。

　なお、理事会議事録については開示制度も定められています。組合員から開示請求があった場合には、濫用的な請求であるなど正当な理由がない限り、開示を拒むことができませんが、機密事項が含まれていて生協や第三者の利益を侵害するなどの場合は、その部分をマスキング（黒塗り等）して開示することも可能です。また、債権者からの開示請求は、役員の責任追及のため必要がある場合に限り、裁判所の許可を得た上で行うことが認められています。

〜〜　まとめ　〜〜〜〜〜〜〜〜〜〜〜〜〜〜〜〜〜〜〜〜〜〜〜〜〜〜〜〜

◇理事全員で構成される理事会は必須の機関であり、重要事項の決定と代表理事などによる業務執行の状況の監督が基本任務となる。

◇理事会で選定された代表理事が、代表権者として実際に業務執行にあたる。

◇理事会は定款で定めた理事が招集するが、他の理事は１名でも

招集請求ができる。招集期間は原則 1 週間だが、全員の同意が
ある場合は招集手続を省略できる。
◇理事会の議決事項は、生協運営上の重要事項について、定款の
　包括的規定を受けて理事会規則で具体的に定める。
◇理事会の議決は、特別利害関係理事以外を除く過半数の理事が
　実出席し、その過半数の賛成で成立する。
◇理事会の議事録には、法令の定める事項を記載し、出席した理
　事・監事の全員が署名または記名押印する。

3．監事

(1) 監事の位置付け・職務

　監事の職務は、生協の監査機関として、理事の職務の執行について
監査し、監査結果について報告することです。監査の結果、不適正な
点があれば、きちんと指摘して是正を促さなければなりません。
　監査には会計監査と業務監査があり、両方とも監事の重要な職務で
す。
　会計監査とは、会計記録や会計処理業務を対象として行う監査です。
決算関係書類やその附属明細書が、生協の財政状態や経営成績を適正
に表示しているか否かについて意見を表明するために行われます。
　業務監査とは、理事の職務執行に関して、不正行為や法令・定款・
規約などに違反する重大な事実がないかどうかをチェックするもので
す。利益相反取引・競業取引に関するチェックも業務監査の 1 つです。
　監事の職務については、多くの規定が設けられていますが、その主
なものは次の通りです。

①　理事の職務執行の監査と監査報告の作成（法第30条の 3 第 2
　項）
②　理事・職員からの報告徴収、生協の業務・財産の状況の調査
　（準用会社法第381条第 2 項）

③　子会社からの報告徴収、子会社の業務・財産の状況の調査（準用会社法第381条第3項・第4項）
④　理事の不正行為等がある場合の理事会への報告（準用会社法第382条）
⑤　理事会への出席と必要がある場合の意見陳述（準用会社法第383条第1項）
⑥　必要な場合の理事会招集請求（対応ない場合は自ら招集：準用会社法第383条第2項・第3項）
⑦　総(代)会提出議案・書類の調査（準用会社法第384条）
⑧　理事の不正行為等の差止請求（生協に著しい損害が生ずるおそれがある場合：準用会社法第385条）
⑨　理事や元理事と生協との訴訟における生協の代表（準用会社法第386条）

　監事の職務・権限に関するこれらの規定は、2007年の生協法改正で設けられたものです。同年の改正で、監事の職務・権限が大幅に拡大されたことは、理事会が法定の機関として位置付けられたことと関係があります。同年の改正以前の旧生協法は総(代)会中心主義をとり、理事会を設けていませんでした。しかし、生協の規模が拡大して事業体としての社会的な責任が重くなるとともに、事業も購買事業だけでなく、共済事業、福祉事業を含めて多様化しており、経営管理も難しくなっています。そうした中で、迅速・的確な生協運営を図っていくためには、重要事項の決定を行う理事会を法的に位置付けるとともに、監事の権限の強化を通じて理事会・代表理事による業務執行に対するチェックを強める必要があるのです。

　こうした監事による監査が適正に行われるためには、監事の体制や監査環境の整備が重要です。生協法では、負債総額200億円以上の大規模生協で、常勤監事や経営から独立した員外監事の設置を義務付けています。この対象となる生協は少数ですが、それ以外の生協でも監事の体制の充実を図ることが必要です。2011年11月にまとめられた『監事監査の環境整備に関する指針〜地域生協向け〜』では、負債総額50

億円以上の生協では常勤監事の設置を図ること、それ以外の県内トップ生協では常勤的な働きをする監事の配置について、積極的に検討することとされています。また、「組合員による監査」「法律・会計・経営という3つの専門性を備えた監査」の両立という観点に基づき、組合員監事に加えて研究者、専門実務家（弁護士など）、経営経験者などの有識者監事の選出を進めることも大切です。併せて、各生協の状況に応じて、監事スタッフの配置、代表理事との協議、内部監査制度の再整備など、監査環境の整備を図ることも必要です。

(2) 監事の独立性と監事会

　監事は1人ひとりが独立した監査機関です。監事の職務は、理事の職務の遂行について監査することなので、理事から独立していなければなりません。生協法は、監事と理事、監事と職員（使用人）との兼任を禁止していますが、これは監事の理事からの独立性を保障する趣旨です（法第31条）。監事が理事として、あるいは理事の命を受けた使用人として、自ら業務執行に携わることになると、公正不偏の立場から監査をすることが期待できなくなり、結果として生協運営上のチェック＆バランスがうまく働かなくなるからです。この他にも、主として監事の理事からの独立性を保障する趣旨から、生協法では次の規定が設けられています。

① 　監事選任議案の総（代）会提出の際は、監事の過半数の同意が必要（準用会社法第343条第1項）
② 　監事は監事選任議案の提出などを理事に請求できる（準用会社法第343条第2項）
③ 　監事は監事の選任・解任・辞任について、総（代）会で意見を述べることができる（準用会社法第345条第1項）
④ 　辞任した監事は、直近の総（代）会で辞任した理由などを述べることができる（準用会社法第345条第2項・第3項）
⑤ 　監事の報酬等は総（代）会の議決で定め、各監事への配分は監事の協議によって定める（準用会社法第387条第1項・第2項）

⑥　監事は監事の報酬等について、総(代)会で意見を述べることができる（準用会社法第387条第3項）
⑦　監事は監査費用の前払いなどを理事に請求できる（準用会社法第388条）

　また、監事は他の監事からも独立し、自らの判断で監査を行い、意見を述べることができます。理事会は生協の業務執行について、討議を保障しつつ最終的には多数決原理により決定していくわけですが、監事は各人の意見を多数決でまとめることは許されず、意見が違うのが1人だけであっても、その意見を述べる権限が保障されています。その意味でも、監事の独立性が保障される必要があるわけです。

　そうはいっても、生協の監査は1人でできるものではなく、監事が協力し、認識を共有しながら計画的に進めていくことが必要です。多くの生協では、監査を集団的・計画的に進めるとともに、各監事の有する情報や見解について共有することを通じて、監事全体として生協の監査を適正に行っていくために、監事会を設け、運営しています。『生協監事監査基準モデル』では、監事会について次の規定を設けています（第7条第2項）。

　「各監事は、職務の遂行の状況を監事会に報告するとともに、監事会を活用して、監査の方針、業務及び財産の状況の調査の方法その他の監事の職務の執行に関する事項を定める。ただし、監事会は各監事の権限の行使を妨げるものではない。」

　この規定は、監事の独立性を保障しつつ、各監事の有する情報や見解を共有することにより、監事全体として生協の監査を適正に行っていくことを目的としています。監事の職務・権限が大幅に拡大され、生協運営において監事に期待される役割がより重要になる中で、監事の協議体としての監事会の意義は今までに増して大きくなっています。もちろん、監事会の意思で各監事の権限の行使を妨げることは、独任制の機関という監事の位置付けゆえ許されませんが、監事会での報告や協議がより充実して行われるよう、さまざまな工夫を積み重ねていく必要があります。

　決算関係書類などの監査については、その結果を監査報告として総（代）会に提出する必要がありますし、他の場合でも総（代）会において監事の意見を提出することが求められるケースがあり得ます。そうした場合、最終的に意見が異なる場合は、総（代）会に監査報告が複数出されることもやむを得ませんが、無用な混乱を避ける意味から、監査報告の作成に関して十分に協議を行い、問題意識や見解をすり合わせておくことが適切です。

(3) 事業報告書・決算関係書類などの監査

　生協は事業年度ごとに、決算に関して次の書類を作成しなければなりません（法第31条の9第2項）。

---

　①　事業報告書
　②　決算関係書類
　　・貸借対照表
　　・損益計算書
　　・剰余金処分案（損失処理案）
　③　事業報告書の附属明細書
　④　決算関係書類の附属明細書

　これらの書類について監査し、監査報告を提出することは、監事の重要な職務の1つです。これらの書類と監査報告を合わせて、法律上は「決算関係書類等」と呼んでいます。事業報告書・決算関係書類などの作成、監査、承認などの手続きについては、法第31条の9と関連省令で細かく定められていますが、その流れは大要次ページの通りです。

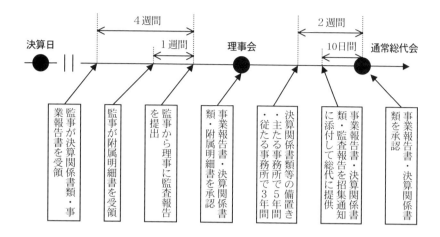

　事業報告書・決算関係書類などについて、すべての生協で監事による監査を受ける必要がありますが、次の生協は監事による監査に加え、決算関係書類や連結決算関係書類などについて会計監査人による監査を受けなければなりません。

- ●元受共済事業を行う単位生協で、負債総額が200億円を超えるもの
- ●元受共済事業を行う連合会

　会計監査人は、その生協と利害関係のない公認会計士や監査法人のうちから総代会で選任します。元受共済事業は、契約者からあらかじめ掛金を受け取り、共済事故（死亡、傷害、手術、入院など）に応じて共済金を給付する事業であり、預貯金とは異なりますが広い意味で「他人のお金を預かる」事業です。そのため、多数の契約者に影響が及ぶ連合会や大規模生協では、専門家による会計監査が義務付けられています。

　会計監査人による監査が義務付けられているのは元受共済事業を行う生協だけですが、それ以外でも一定規模以上の生協では、社会的責任に応える意味で、自主的に公認会計士や監査法人による任意の外部監査を受けることが適切です。『監事監査の環境整備に関する指針～地域生協向け～』では、負債総額50億円以上の生協において任意の外部監査を受けることを要請していますが、その基準に満たない生協でも任意の外部監査を受けている生協はかなりあります。

（4）日常的な監査活動

　監事による監査は、決算期に限られるものではなく、理事の職務執行の状況を監査する日常的な活動です。その中では、会計監査のほか、業務監査も非常に重要な意味を持ちます。業務監査とは、理事の職務の執行が法令・定款・規約などを遵守して行われているか、著しく不当な点がないかどうかを点検するものです。日本生協連では『生協監事監査基準モデル』を策定し、各生協での監事監査の充実に役立てていただいていますが、その中では業務監査を重視しています。

　生協の監事は非常勤である場合が多いため、監事による日常的な監査活動では、理事会に出席し、必要に応じて意見を述べることが実践的に重要です。この場合、どのような立場で意見を述べるかが、理事と監事とでは異なることに注意する必要があります。理事会で経営に関する事項について議論をするときに、監事が理事と同じような立場で経営判断について意見を述べるということになると、監事が理事会での判断に関して責任を問われかねず、かえって監事の独立性を損なう結果になるおそれがあります。経営に関する事項についての監事の監査は、理事が善管注意義務・忠実義務を尽くして判断を行っているかという観点から、「経営判断の原則」（コラム１－⑦参照）に則して行うことが適切です。

　監事による監査の充実のためには、先に述べたように、監事の体制を整備することが前提となりますが、もう１つ重要なのが監査環境の整備です。監査環境の整備には、スタッフとして監事をサポートする職員の配置、重要な会議への出席や各種報告資料に関するルールの確認、内部監査部門の設置と連携の強化、代表理事との定期的懇談などを通じた意思疎通の円滑化など、さまざまな面があります。各生協の実情を踏まえながら、どのように整備を図っていくか、中期的な展望を含めて検討していくことが求められています。

〜〜 まとめ 〜〜〜〜〜〜〜〜〜〜〜〜〜〜〜〜〜〜〜〜〜〜〜〜

　◇監事は、理事の職務執行の状況を監査する機関であり、会計監査と業務監査を行う。各種の調査権、理事会出席・発言権など、

法令で多くの権限が与えられている。

◇監事は、理事からの独立性とともに、独任制の機関として他の監事からも独立して権限を行使することができる。

◇監事は、法令の規定に従って、毎事業年度の事業報告書・決算関係書類とそれらの附属明細書を監査する。

◇理事会への出席・発言など日常的な監査活動も重要である。集団的・計画的な監査の実施のため、監事会での協議が実践的に重要だが、各監事の権限の行使を制約することはできない。

4．組合員の直接請求権と訴権

　生協のガバナンスは、総（代）会、理事会・代表理事、監事の各機関が役割を果たすことによって適正に行われるのが本筋です。しかし、こうした各機関による運営がうまく機能せず、不適正な運営が行われるようなケースもあり得ます。生協法では、そうした場合に、組合員自身のイニシアチブで是正を促すことができる補完的な制度として、直接請求権と訴権（訴えを提起する権利）を保障しています。

　組合員による直接請求権は、一定数の組合員や総代の同意が必要とされているため、「少数組合員権」と呼ばれる場合もあります。生協法において設けられている直接請求権は次の5つです。

● 会計帳簿・書類閲覧請求権（第32条第3項：組合員の100分の3の同意）

● 臨時総（代）会招集請求権（第35条第2項：組合員（総代）の5分の1の同意）

● 役員解任請求権（第33条：組合員（総代）の5分の1の同意［連署］）

● 行政庁検査請求権（第94条第1項：組合員の10分の1の同意）

● 総（代）会決議等取消請求権（第96条：組合員（総代）の10分の1の同意）

　このうち、総（代）会決議等取消請求権は、総（代）会の招集手続、運営方法、議決方法などが法令や定款に違反する場合に、総（代）会の日

から1カ月以内に行政庁に対して請求するものです。総(代)会の決議等の取り消しについては、このほか、訴訟による取り消しの制度(後述)があります。

　次に、組合員による訴権ですが、主なものは次の3つです。いずれも、2007年の生協法改正により新たに導入された制度です。

(a) 総(代)会の決議等の効力を争う訴訟(準用会社法第830条・第831条)

　　「不存在確認の訴え」(招集手続がないなどの場合)、「無効確認の訴え」(議決の内容が法令に違反する場合)、「取消しの訴え」(招集・運営等の手続きが法令・定款違反の場合)があります。「取消しの訴え」は、総(代)会の日から3カ月以内に提訴することが必要です。

(b) 役員責任追及訴訟(代表訴訟:準用会社法第847条)

　　役員に対して、生協に与えた損害を賠償するよう求める訴訟です。6カ月前からの継続加入組合員が生協に対して提訴を求め、60日以内に訴えが提起されない場合に、その組合員が提訴するという仕組みです。

(c) 理事の不正行為等の差止め請求訴訟(準用会社法第360条)

　　理事が法令・定款に違反する行為を行うおそれがあり、それによって生協に回復できない損害を与えるおそれがある場合に、6カ月前からの継続加入組合員が、理事に対してその行為を止めることを求めて提訴するという仕組みです。

～～ **まとめ** ～～～～～～～～～～～～～～～～～～～～～

　◇総(代)会、理事会・代表理事、監事の各機関による運営を補完する制度として、組合員の直接請求権(少数組合員権)と訴権がある。

～～～～～～～～～～～～～～～～～～～～～～～～～～～～～

第3章

生協法について考える

生協法は、生協の事業、組織、運営などの基本について定めた法律です。生協の理事として生協の運営に関わっていくときには、機関運営に関するルールに限らず、生協法全般に関する基礎的な知識は欠かせません。第3章では、機関運営に関する部分以外の生協法のあらましについて説明していきます。

コラム3－① さまざまな協同組合

　生協は協同組合の1つですが、協同組合にはさまざまな種類があります。ここでは、日本における協同組合のうち、いくつかの種類についてご紹介しましょう。

（a）農業協同組合

　農業協同組合は、構成員である農民の農業経営や日常生活に役立てるための事業を行う組織です。事業の内容には、組合員の生産した農産物の販売、組合員に対する農機具や肥料、日常生活用の物品の供給、農業に関する技術や経営の向上のための教育・指導、預金の受入れや資金の貸付けを中心とする信用事業、共済事業などがあります。農業協同組合法に基づいて設立、運営されています。

（b）漁業協同組合

　漁業協同組合は、漁民、漁業を営む中小の法人、漁業従事者を構成員とする組織で、漁業経営や日常生活に役立てるための事業を行っています。事業の内容には、組合員の漁獲物や生産物の販売、組合員に対する漁業用具や日常生活用品の供給、組合員の遭難の防止や救済に関する施設の設置、漁業に関する技術や経営の向上のための教育・指導、預金の受入れや資金の貸付けを中心とする信用事業、共済事業などがあります。水産業協同組合法に基づいて設立、運営されています。

（c）森林組合

　森林組合は、森林所有者、林業経営者、林業従事者を構成員とする組織で、組合員の林業経営に役立てるための事業を行ったり、組合員の委託を受けて直接林業経営を行ったりしています。事業の内容には、森林経営に関する指導、病害虫の駆除など森林の保護に関する事業、組合員の生産した木

材等の販売、林業に必要な物品の供給、資金の貸付けなどがあります。森林組合法に基づいて設立、運営されています。

（d）事業協同組合

事業協同組合は、中小事業者を構成員とする組織で、組合員の事業に役立てるための事業を行っています。事業の内容は構成員の業種によって違いますが、生産、加工、販売、購買など組合員の事業に関する共同施設の設置、組合員の事業経営や技術の改善のための教育・指導、組合員の福利厚生を図るための施設の設置、事業資金の貸付けなどがあります。中小企業等協同組合法に基づいて設立、運営されています。

（e）労働者協同組合、ワーカーズコープ、ワーカーズ・コレクティブ

労働者を構成員とする組織で、組合員が資金を出し合って働く場を自ら創出するための組織です。労働者の共同経営による事業を行うための組織といってもよいでしょう。長らく設立・運営の根拠となる法律がなく、他の法人形態を利用するケースが多かったのですが、2020年12月に労働者協同組合法が成立し、「労働者協同組合」として法人格を取得できるようになります。なお、同法は成立後2年以内に施行される予定です。

これ以外にも、信用金庫、労働金庫、農事組合法人、水産加工組合、企業組合など、さまざまな協同組合があります。

1．総則

生協法の第1章「総則」では、生協の組織・運営の全体に関する事項について定めています。ここでは、そのうち、目的、組合基準、区域について見ていきます。

（1）目的

「この法律は、国民の自発的な生活協同組織の発達を図り、もって国民生活の安定と生活文化の向上を期することを目的とする。」（法第1条）

この「国民の自発的な生活協同組織」とは、生協を指しています。これには、次の意味が含まれています。

- 一般の人びと（消費者、生活者、市民）による組織であること
- 他から強制されるのではなく、自分たちの思いからつくる組織であること
- いかなる組織、団体にも従属しない、自立した組織であること

そして、このようなボランタリズムに基づく組織が各所でつくられ、構成員のための活動をくり広げていくことが、国民全体の生活の安定と文化の向上に役立つのだ、という考え方を宣言しているのです。これは、制定当時としては先進的な意味を持った規定といえましょう。

（2）組合基準

生協法は、生協が本質的に備えておかなければならない特色を、「組合基準」として第2条に定めています。具体的には次の7項目です。

① 一定の地域または職域による人と人との結合であること
② 組合員の生活の文化的経済的改善向上のみを目的とすること
③ 組合員が任意に加入し、または脱退することができること
④ 組合員の議決権および選挙権は、出資口数にかかわらず平等であること
⑤ 剰余金を割り戻すときは、主として事業の利用分量によりこれをなすこと
⑥ 剰余金を出資額に応じて割り戻す場合には、その限度が定められていること
⑦ 組合および連合会は、特定の政党のために利用してはならないこと

これらの基準のうち③〜⑦は、法制定当時のICA協同組合原則に準拠したものです。ICA（International Co-operative Alliance：国際協同組合同盟）は、世界各国の協同組合でつくられている組織です。ICAが、それまでの協同組合運動の歴史の中で確認されてきた運営原則について、世界の協同組合共通の原則としてまとめたのは、

1937年のことでした。当時の法案作成者は、この原則を「各国協同組合共通の原則」（長倉司郎著、「消費生活協同組合法逐条解説」）として受け止め、この原則に準拠した形で生協の本質的特色を定めることとしたのです。これは、国際的な広がりを持つ協同組合運動の一環として日本の生協を捉えるという考え方が、法制度に反映されることを意味しています。なお、1937年のICA協同組合原則と、生協法第2条に定める組合基準との対応関係については、以下のようになっています。

〈1937年原則〉
第1原則　組合員公開 ……………………………… ③に対応
第2原則　民主的運営（1人1票制）……………… ④に対応
第3原則　利用高に比例した剰余金の分配 ………… ⑤に対応
第4原則　資本に対する利子の制限 ………………… ⑥に対応
第5原則　政治的・宗教的中立 ……………………… ⑦に対応
第6原則　現金取引
第7原則　教育の促進

　ICA協同組合原則はその後、1966年と1995年の2回にわたって改定され、1937年原則とは内容がかなり変わってきています。2007年の法改正では組合基準に関する改正はありませんでしたが、21世紀にふさわしい生協法のあり方を検討する上では、現行のICA協同組合原則の内容を取り入れていくことが必要になっています。1995年のマンチェスター大会で確認された現在のICA協同組合原則についてはコラムで紹介します。

コラム3-②　ICA協同組合原則

　ICAは1995年のマンチェスター大会において、「協同組合のアイデンティティに関するICA声明」（ICA声明）を確認しました。ICA声明は、従来ICAでまとめてきた協同組合の原則に協同組合の定義や価値

を加え、協同組合とはいかなる組織であるかを簡潔にまとめたものとなっています。ＩＣＡ声明では、協同組合の定義と価値について、次のように述べています（訳：日本生協連）。

定義：「協同組合は、共同で所有し民主的に管理する事業体を通じ、共通の経済的・社会的・文化的ニーズと願いを満たすために自発的に手を結んだ人びとの自治的な組織である。」

価値：「協同組合は、自助、自己責任、民主主義、平等、公正、そして連帯の価値を基礎とする。それぞれの創設者の伝統を受け継ぎ、協同組合の組合員は、正直、公開、社会的責任、そして他人への配慮という倫理的価値を信条とする。」

そして、新たな時代における協同組合の原則として、７つの項目を掲げています。以下、それぞれについて紹介していきます。

【第１原則　自発的で開かれた組合員制】

協同組合は、自発的な組織である。協同組合は、性別による、あるいは社会的・人種的・政治的・宗教的な差別を行なわない。協同組合は、そのサービスを利用することができ、組合員としての責任を受け入れる意志のある全ての人びとに対して開かれている。

まず、「自発的な組織」という協同組合の基本的性格を明らかにしています。その上で、メンバーシップが一部の人たちの閉ざされたものであってはならないこと、あらゆる差別があってはならないことを述べています。後段では、「組合員としての責任」にも言及していますが、これは、必要に応じた出資金の拠出、投票権の行使、会議への参加などを指しています。

【第２原則　組合員による民主的管理】

協同組合は、その組合員により管理される民主的な組織である。組合員はその政策決定、意志決定に積極的に参加する。選出された代表として活動する男女は、組合員に責任を負う。単位協同組合では、組合員は（一人一票という）平等の議決権をもっている。他の段階の協同組合も、民主的方法によって組織される。

　協同組合が、組合員の積極的な参加に基づき、民主的に管理される組織であることを強調しています。日常的には組合員から選ばれた役員が管理するのですが、協同組合はあくまでも組合員のものであり、役員は組合員に対して責任を負うことになります。それから、一人一票制の原則について触れていますが、連合会における議決権については、より柔軟な運用ができるように配慮しています。

【第3原則　組合員の経済的参加】

　組合員は、協同組合の資本に公平に拠出し、それを民主的に管理する。その資本の少なくとも一部は、通常、協同組合の共同の財産とする。組合員は、組合員として払い込んだ出資金に対して、配当がある場合でも、通常、制限された率で受け取る。組合員は、剰余金を次の目的のいずれか、または全てのために配分する。

　・準備金を積み立てることにより、協同組合の発展のため
　　その準備金の少なくとも一部は分割不可能なものとする
　・協同組合の利用高に応じた組合員への還元のため
　・組合員の承認により他の活動を支援するため

　まず大切なのは、公平な資本の拠出ということです。これは、すべての組合員がなるべく平等に出資を行うべきであり、一部の人が多額に出資を行うというあり方は望ましくないと述べています。出資配当の率の制限は、投機的な率になることを防ぐためのものです。最後は剰余金処分に関するルールですが、出資配当を支払った後に剰余金が出た場合には、（a）内部留保、（b）利用割戻し、（c）組合員が承認した他の活動への支援、という目的で使用すべきだとしています。

【第4原則　自治と自立】

　協同組合は、組合員が管理する自治的な自助組織である。協同組合は、政府を含む他の組織と取り決めを行なったり、外部から資本を調達する際には、組合員による民主的管理を保証し、協同組合の自主性を保持する条件において行なう。

　協同組合が、政府、政党、企業などあらゆる組織から自立していなけれ

ばならないこと、外部との取り決めや外部からの資本調達の際でも、決して従属した関係にならないようにすべきことを明らかにしています。

【第5原則　教育、訓練および広報】

協同組合は、組合員、選出された代表、マネジャー、職員がその発展に効果的に貢献できるように、教育訓練を実施する。協同組合は、一般の人びと、特に若い人びとやオピニオンリーダーに、協同組合運動の特質と利点について知らせる。

前段は、協同組合内部における教育の重要性について述べています。協同組合にとって最も大切な財産は人であり、人がその力を発揮するために教育は必要不可欠です。後段は、対外広報の重要性について指摘しています。協同組合が未来において有効な社会的役割を果たす上では、協同組合に対する理解、評価と共感を得ることが必要だからです。

【第6原則　協同組合間協同】

協同組合は、ローカル、ナショナル、リージョナル、インターナショナルな組織を通じて協同することにより、組合員に最も効果的にサービスを提供し、協同組合運動を強化する。

協同組合が力を発揮するためには、生協間の、あるいは生協と他の協同組合との連帯が必要です。この原則は、そうした連帯が、ローカル（地域）、ナショナル（国内）、リージョナル（アジアなど）、インターナショナル（国際）とさまざまなレベルで展開されることが必要だと述べています。

【第7原則　コミュニティへの関与】

協同組合は、組合員によって承認された政策を通じて、コミュニティの持続可能な発展のために活動する。

協同組合は、あくまでも組合員の利益のために存在する組織です。しかし、組合員がその居住する地域と非常に強い結び付きがあるため、協同組合は地域社会の発展と密接に結び付くことになります。この原則は、そうした意味から、組合員の承認のもとにコミュニティに対して積極的に関与

すべきことを述べています。

....

(3) 区域

　生協は、原則として都道府県域を越えて設立することができません（法第 5 条第 1 項）。例外的に、職域生協でやむを得ない事情があるもの（ex. 職場が複数の都道府県にある場合）と、連合会については都道府県域を越えることが認められています。2007 年の法改正以前は、この規定しかなかったため、地域生協が都道府県域を越えて区域を設定することは一切認められていませんでした。

　2007 年の法改正により、地域生協についても一定の範囲で都府県域を越えて区域を設定することができるようになりました（法第 5 条第 2 項）。

［都府県域を越えることができる場合］

　（a）購買事業の実施のため必要がある場合と、（b）多重債務者救済のための貸付事業を行う場合です。ただし、そうした場合であっても、元受共済事業を行っている生協は、事業の健全性を保つ趣旨から、都府県域を越えることができません（「元受共済事業」については、2(2)［事業の種類］をご参照ください）。

［区域設定ができる地域の限度］

　主たる事務所がある都府県に隣接する都府県の範囲までです。例えば、東京都に主たる事務所がある場合は、東京都に千葉県、埼玉県、山梨県、神奈川県を加えた 1 都 4 県のエリアが最大となります。

　県域規制は、小売業者のほとんどが個人商店であった法制定当時の経済状況や、町内会生協が中心で都道府県域を越える広域生協は想像もされていなかった法制定当時の生協の状況を背景としたものです。その後の生活圏の拡大、モータリゼーションの進展、生協自身の発展の中で、例外なき県域規制は実情に合わない点が出てきていました。県域規制の緩和は、こうした状況の変化を受けたものです。

　従来は、県域規制のもとで県を越えた合併などができなかったため、

県を越えた生協の連帯は事業連合を通じて行うしかありませんでしたが、2007年改正を経た現行の生協法では、県を越えた合併も選択肢の1つになりました。実際に、複数の県にまたがる大規模な生協が合併により誕生しています。そうした状況の中で、県を越えた生協の連帯のあり方について、今後も政策的な検討が行われると考えられます。

～～～ **まとめ** ～～～～～～～～～～～～～～～～～～～～

　◇生協法は、自発的なくらしの協同組織である生協を発達させることを通じて、ゆたかで安定した国民生活に役立てることを目的とした法律である。
　◇生協は、加入脱退の自由、1人1票制、出資配当の制限などＩＣＡ原則に準拠した「組合基準」を満たしていなければならない。
　◇地域生協は、原則として県域を越えて設立することができない。ただし、購買事業や多重債務者救済のための貸付事業を行う上で必要な場合には、元受共済事業を行っていない限り、隣接都府県の範囲で県域を越えることができる。

～～～～～～～～～～～～～～～～～～～～～～～～～～～～～～

2．事業

(1) 事業の特徴

　「組合は、その行う事業によって、その組合員及び会員に最大の奉仕をすることを目的とし、営利を目的としてその事業を行ってはならない。」（法第9条）

　この規定は、生協の事業の持つ特徴を表現したものです。生協の事業は、物質的にも精神的にもゆたかなくらしをしたいという組合員の思いに応え、組合員のくらしに奉仕するものでなければなりません。これは、以下に掲げる協同組合の定義（1995年ＩＣＡマンチェスター大会で採択）と共通する考え方です。

　「協同組合は、共同で所有し民主的に管理する事業体を通じ、共通

の経済的・社会的・文化的ニーズと願いを満たすために自発的に手を結んだ人びととの自治的な組織である。」

　生協の事業は、こうした特徴を持っているのですから、「儲ける」ことや「利益を分配する」ことが事業の目的になってはいけません。これが、いわゆる「非営利の原則」です。もっとも、事業を健全に遂行するために剰余金を確保することは、「儲ける」こととは別です。生協は組合員のものですから、事業が失敗することは組合員にとっても大きな損失となります。組合員の期待に応える事業を継続、発展させるために、健全な経営体質を維持することは、むしろ積極的な意義を持っているのです。

(2) 事業の種類

　生協が行うことのできる事業について、生協法は次の7種類の事業および各事業に附帯する事業に限定しています（法第10条第1項）。

① 　供給事業（ex. 店舗事業、宅配事業、カタログ事業など）
② 　利用事業（ex. 貸会議室、理美容業、旅行事業など）
③ 　生活文化事業（ex. 組合員センター、図書室、映画会、音楽会など）
④ 　共済事業（ex. CO・OP共済《たすけあい》《あいぷらす》《ずっとあい》など）
⑤ 　教育事業（ex. 学習会、産地・工場見学、従業員教育など）
⑥ 　医療事業（ex. 病院、診療所、鍼灸院など）
⑦ 　福祉事業（ex. 介護保険事業、有料老人ホーム、保育所など）

　共済事業を行う生協では、これらのほか、保険代理業を併せて行うことができます（法第10条第2項）。

　各生協は、これらの事業の全部を行うこともできますし、一部だけを行うこともできます。言い換えれば、これらの事業以外の事業を行うことはできないということです。例えば、生協は、預金の受け入れを事業として行うことができません。これは、特に「預金の受け入れをしてはならない」という規定があるのではなく、生協が行える事業の中に預金の受け入れが含まれていないからです。

ただし、共済事業については例外があります。共済契約の当事者として、共済金の給付責任を負う形で共済事業を行う場合（元受共済事業）には、共済事業（保険代理業・附帯事業を含む）以外の事業との兼業が禁止されるケースがあります（法第10条第3項）。兼業が禁止されるのは以下のケースです。

- 元受共済事業を行う単位生協で、(a) 受入掛金総額10億円超、(b) 1人あたり共済金の最高限度額100万円超のいずれかに該当するもの
- 元受共済事業を行う連合会

共済事業についてはさまざまなルールが定められていますが、次項でその概要を紹介します。

このほか、生協は生活資金の貸付事業を行うこともできます。貸付事業を行う場合には貸付事業規約（行政庁の認可が必要）や業務規程を定める必要があるほか、貸金業法と横並びで定められたルールを遵守することが求められます（法第13条、第26条の4）。

(3) 共済事業

共済事業は、共済の契約者（加入者）から共済掛金を受け取り、死亡、傷害、疾病、入院などあらかじめ契約で決められている事由（共済事故）が発生したときに、共済金を支払うという事業です。生協の共済事業については、先に述べた元受共済事業のほか、受託共済事業があります。受託共済事業は、自らは共済契約の当事者とならず、元受共済生協と組合員との間に立って、共済事業の推進業務（勧誘、加入受け付けその他の業務）などを元受共済生協から受託して行う事業をいいます。生協法では「共済代理店」とも呼称されています。

共済事業に関するルールは、(a) 経営の健全性を確保するためのもの、(b) 推進に際しての加入者保護を目的とするものに大別できます。

(a) 経営の健全性を確保するためのルール

代表的なものは前項で述べた兼業規制です。共済事業は、先に共済掛金を受け取り、後で共済金を給付する事業なので、広い意味で「他人からお金を預かる」事業といえます。共済金の給付を確実に行うた

めには、健全経営が維持されていなければなりません。共済事業と他の事業を併せて行っている生協では、他の事業の失敗が共済金の給付に影響するケースも考えられます。兼業規制は、そうしたことがないようにするための措置です。

　兼業規制については、子会社や関連会社を使って規制を逃れようとするケースも考えられます。例えば、兼業を禁止されている元受共済生協が、子会社・関連会社で購買事業を行うようなケースですが、こうした脱法的な行為が行われないよう、元受共済生協の子会社・関連会社が行うことのできる事業の範囲についても、規制が設けられています（法第4章の3）。

　経営の健全性を確保するためのルールは、兼業規制のほかにもさまざまに規定されています。代表的なものは下記の通りですが、詳細については省略します。

① 単位生協1億円、連合会10億円の最低出資金（法第54条の2）
② 諸準備金の積立ての充実（法第50条の7～第50条の9、第51条の4）
③ 業務・財産状況を記載した書類の一般開示（法第53条の2）
④ 元受共済事業を行う連合会、大規模単位生協（負債総額200億円超）の外部監査（法第31条の10）

　なお、これらのルールは、共済金の給付責任がある元受共済生協が対象であり、受託共済生協は対象外です。

（b）推進に際しての加入者保護を目的とするルール

　共済事業で取り扱うCO・OP共済《たすけあい》《あいぷらす》《ずっとあい》などの共済商品は、形がなく、約束事の集まりのようなものであるため、購買事業で扱う商品と比べて分かりにくい面があります。そのため、加入の時点できちんと内容を理解していただくことが大切です。そのための主なルールとして下記のものがあります。

① 推進業務の委託先（共済代理店）の限定（法第12条の2）
② 虚偽説明など推進にあたっての禁止行為（準用保険業法300条）
③ 説明義務の履行、個人情報保護など健全運営の確保措置（法第50条の6）

④ クーリング・オフ（準用保険業法第309条）

これらのルールは、共済事業の推進に携わる生協すべてで遵守が必要なので、元受共済生協・受託共済生協のいずれにも適用されます。

（4）事業の利用

生協は組合員のための組織ですから、その事業は組合員が利用することが基本となります。その一方、組合員による利用だけしか認められないと、さまざまな点で不都合が生じます。そのため、生協法は、生協の事業につき原則として組合員しか利用できないとしつつ、組合員以外による利用（員外利用）が許されるケースについて、法令で具体的に定める形をとっています（法第12条第3項・第4項）。なお、組合員の家族は組合員と同じように事業を利用できます（法第12条第2項）。

法令によって員外利用が認められているケースには、（a）個別に行政庁の許可を得てから行う必要があるものと、個別に許可を得る必要がないもの、（b）員外利用分量が制限されているものと、制限がないものとがあります。具体的には次ページの通りです。

行政庁の許可	員外利用ができるケース	分量制限
必要	離島その他交通不便な土地での生活物資提供	組合員利用の2割
	教育文化・医療・福祉施設への物資提供（利用者へのサービス提供上必要なもの）	組合員利用の2割
	職域生協の職域来訪者への物資提供	組合員利用の2割
	生協間の物資提供	組合員利用の2割
	地域交流イベントでの物資提供	組合員利用の2割
	被災地から避難した被災者への一定期間内の物資提供	組合員利用の2割
	1カ月以内での宅配事業のお試し利用	組合員利用の2割
	地域の課題に取り組む組織への物資提供	組合員利用の2割
	職域来訪者・来訪予定者による施設利用	組合員利用の2割
	離島その他交通不便な土地での施設利用	組合員利用の2割
	納骨堂の事業	組合員利用の総額
不要	自賠責共済（自動車の譲渡・相続等の場合に限る）	（なし）
	災害時の緊急物資提供	（なし）
	特定物品(酒・たばこ・水道・ガス)の提供	（なし）
	体育施設・教養文化施設の利用	（なし）
	国・地方公共団体の委託事業	（なし）
	医療事業・福祉事業	組合員利用の総額
	職域・大学生協の母体組織への物資提供	組合員利用の2割

　なお、行政庁が員外利用を許可する際のルールとして、「中小小売商の事業活動に影響を及ぼし、その利益を著しく害する恐れがあるとき」は員外利用の許可をしてはいけない旨が定められています（法第12条第5項）。これは、生協が員外利用をさせると、一般消費者までが生協で買い物をするようになり、中小商業者の売り上げが減少するおそれがあることから、中小商業者との利害調整という意味合いで設けられている規定です。

～～ まとめ ～～～～～～～～～～～～～～～～～～～～～～～～

　◇生協の事業は、組合員のくらしに奉仕するものでなければならず、営利を目的に事業を行ってはならない。

　◇生協は、供給事業、利用事業、生活文化事業、共済事業、教育

事業、医療事業、福祉事業のほか、それらに附帯する事業を行うことができる。

◇共済事業については、（a）経営の健全性を確保するためのルール［元受共済生協向け］、（b）推進時の加入者保護を目的としたルール［共済事業を行う全生協向け］が定められている。

◇組合員の家族による生協の事業の利用は、組合員による利用とみなされる。

◇原則として、組合員以外に生協事業を提供することはできないが、法令で定めるケースについては員外利用が認められる。

3．組合員

(1) 加入と脱退

　生協は組合員が自由に加入し、脱退することのできる組織ですから、組合員数に制限を設けることはできません（法第15条第1項）。もちろん、加入を希望する人を拒むことも、新たに加入しようとする組合員に対して従来よりも厳しい条件を付することもできません（法第15条第2項）。加入を拒むことができるのは、生協に対して悪意を持っており、生協を混乱させようという意思が明らかである場合など、極めて限られています。

　一方、脱退については多少の制限があります。組合員が任意に脱退する場合、脱退の時期は事業年度末であり、かつ、90日前までに予告しなければなりません（法第19条）。これは、いわゆる「減資」、つまり出資口数を減らす場合も同様です（法第25条）。脱退についてこうした制限があるのは、債権者の利害と関係するからです。脱退した組合員は、出資金の払い戻しを請求することができるので、組合員の脱退はイコール出資金の減少、生協の財産の減少を意味します。取引先など生協に対して債権を持っている人は、生協の財産状況を考慮して取引の条件を決めていますから、事業年度の途中で財産状況が大きく変動すると困ってしまいます。脱退についての制限は、こうした事情

から設けられているのです。

　もっとも、亡くなったり、区域外への引っ越しなどで組合員資格を失ったりした場合の脱退（法定脱退）については、当然ながら脱退の時期に制限はありません（法第20条）。

（2）出資

　組合員は1口以上の出資をしなければなりません（法第16条第1項）。これが法の定める組合員の義務です。生協は、くらしを良くするための事業を、消費者が自分たちで行うための組織ですが、事業を行うためには元手が必要です。出資金は、その元手となる資金を組合員みんなで出し合うための制度です。ですから、出資金はそれなりの金額が必要ですが、その一方で、高すぎて一般消費者が加入しにくいものにならないように、「組合員たる資格を有する者が通常負担できる程度」（法第16条第2項）でなければなりません。また、1人の人が出資金の大半を占める状況にならないように、出資金の上限を定款で定めなければならないことになっています（法第16条第3項）。

　それでは、万一生協の事業が失敗して、多額の負債を抱えてつぶれてしまった場合、組合員の責任はどうなるのでしょうか。その場合でも、組合員が出資金額を超えて赤字を分担する必要はありません（法第16条第5項）。このことを、法律上は有限責任と呼んでいます。言い換えれば、通常は脱退すれば出資金の払い戻しを受けられるのですが、生協が累積赤字を負ってしまった場合には、出資金額の範囲内で赤字相当分を組合員として負担しなければならない場合もあるということです。これは、消費者による事業体としての生協の特徴から、当然の原則といえましょう。

（3）組合員の権利

　組合員は、出資金を払い込んで加入することにより、組合員としての地位を得るわけですが、その地位により当然に、さまざまな権利を生協に対して持つことになります。これらの権利は、自分が経済的・文化的なメリットを享受する権利（自益権）と、生協の構成員として

生協運営に参画する権利（共益権）とに大別されます。法律上認められる組合員の権利には、次のものがあります。

A　自益権

①　事業を利用する権利（法第12条）

②　剰余金の割戻しを受ける権利（法第52条）

③　脱退後に出資金の払戻しを受ける権利（法第21条）

④　残余財産の分配を受ける権利（準用会社法第502条：解散の場合）

B　共益権

①　議決権（法第17条第1項）

②　選挙権（法第17条第1項）

③　役員の被選挙権（役員選挙方式をとる場合：法第28条第1項）

④　総代の被選挙権（法第47条第2項）

⑤　書類の閲覧を請求する権利［主なものは下記］

　・　組合員名簿（法第25条の2）

　・　定款・規約（法第26条の5）

　・　理事会議事録（法第30条の7）

　・　決算関係書類等（法第31条の9）

　・　総（代）会議事録（法第45条）

⑥　少数組合員権（※1）

⑦　各種の訴権（※2）

※1　「少数組合員権」とは、1人の組合員ではなく、一定数の組合員の同意があってはじめて行使できる権利であり、次のものがあります。

　（a）会計帳簿・書類の閲覧を請求する権利（法第32条第3項：組合員の3％）

　（b）総（代）会の招集を請求する権利（法第35条第2項：組合員（総代）の20％）

　（c）役員の解任を総（代）会に付議することを請求する権利（法第33条：組合員（総代）の20％）

　（d）行政庁の検査を請求する権利（法第94条第1項：組合員の10％）

　（e）総（代）会の議決等の取消しを行政庁に請求する権利（法第96条：組

合員（総代）の10%）

※2　組合員による訴権が認められている主な訴訟は次の通りです。

(a) 総（代）会の議決等の効力を争う訴訟（準用会社法第830条・第831条）

(b) 役員の責任追及訴訟（代表訴訟：準用会社法第847条）

(c) 理事の不正行為等の差止め請求訴訟（回復できない損害を生ずるおそれがある場合のみ：準用会社法第360条）

～～ まとめ ～～～～～～～～～～～～～～～～～～～～～～

◇生協は、正当な理由なく加入を拒むことができない。

◇生協からの脱退は、90日前までに予告して事業年度末に脱退する自由脱退のほか、組合員資格の喪失、死亡、除名による法定脱退がある。

◇生協の組合員は1口以上の出資義務を負い、生協が倒産した場合には出資金額の範囲で有限責任を負う。

◇生協の組合員は、自分が経済的・文化的なメリットを享受する権利（自益権）と、生協の運営に参画する権利（共益権）を持つ。

～～～～～～～～～～～～～～～～～～～～～～～～～～～～

4．定款と規約

(1) 定款

　生協は消費者の自主的な協同組織ですから、その運営は組合員の自治によることになります。自治のためにはルールが必要ですが、その最も重要なものが定款です。定款は、各生協の目的、名称、事業、区域など組織の根本に関わる事項や、役員、総（代）会、剰余金処分など運営の基本的なルールを定めるものです（法第26条）。また、定款では組合員の権利や義務に関する事項についても定めますが、その内容について組合員は包括的に承認したとみなされます。このように、生協運営にとって定款が持つ意味は非常に大きく、「生協の憲法」と呼ばれることもあるくらいです。

　一方、定款は対外的に各生協のあり方を表明する「顔」としての役

割も持っています。ですから、生協法に基づきながら、それぞれの生協の実情に合った定款を作成する必要があります。もちろん、定款に基づいて運営することは当然です。

　なお、定款を変更する際には、その重要性から、総（代）会の特別決議が必要とされ、かつ、原則として行政庁の認可がなければ効力が生じないことになっています（法第42条、第40条第4項）。

（2）規約

　各生協は、定款のもとに規約、規則、規程などの諸規程を設け、日常の運営や財産管理のルールを決めていくことになります。こうした諸規程の中でも、規約は定款に次いで大切な決まりであり、その設定や改廃には総（代）会の議決が必要とされています（法第40条第1項）。

　生協運営の公正・透明性を確保する上で、適正な手続きのもとに運営に関するルールを定めることは欠かせません。その意味で、規約をはじめとする諸規程を整備することは、とても大切です。1999年に、日本生協連が策定した『生協の健全な機関運営の確立に向けて』（機関運営ガイドライン）では、運営に関わる諸規程の整備を呼びかけています。その後、2007年の生協法改正に伴って、同ガイドライン付属資料の規約・規則例を改訂しました。さらに、監事監査の充実を図る見地から、2013年にはその中の監事監査規則例、公認会計士監査規約例を改訂しました。

　規約は、法令や定款に反したり、生協の本質や公序良俗に反したりしない限り、各生協の実情に合わせて自由に決めることができます。少なくとも、総代選挙規約、役員選挙規約、総（代）会運営規約、監事監査規則は必要ですが、これに加えて、元受共済事業を行う場合には共済事業規約、貸付事業を行う場合には貸付事業規約を設けなければなりません。これらの規約のうち、共済事業規約・貸付事業規約については、設定や改廃の際に行政庁の認可が必要になります（法第40条第5項・第6項）。

～～ まとめ ～～～～～～～～～～～～～～～～～～～～～～～～～～

◇定款は、生協の内部規程の最も重要なもので、「生協の憲法」とも呼ばれ、変更する場合には総（代）会の特別議決に加えて行政庁の認可が必要である。

◇規約は、定款に次いで重要な生協の内部規程であり、設定や改廃には総（代）会の議決が必要である。共済事業規約・貸付事業規約の設定や改廃には行政庁の認可も必要となる。

5．会計と開示

(1) 会計制度

　生協の財務処理に関する事項は、省令で定めることになっています（法第53条の3）。2007年の生協法改正前は、これを受けて「消費生活協同組合財務処理規則」が定められていましたが、その内容は決算時に作成する書類の記載事項や様式などの範囲であり、具体的な記載方法については規定がありませんでした。2007年の法改正で公認会計士・監査法人による外部監査が制度化されたことに伴って、省令でより詳細な会計ルールが定められ、省令も「消費生活協同組合法施行規則」に一本化されました。

　日本生協連では、生協の会計に関する自主基準として「生協会計基準」を策定し、その普及に努めてきました。生協会計基準は、生協法および省令を基礎に置きながら、企業会計原則を中心に商法、証券取引法、財務諸表規則、税務会計など、会計計算制度として広く普及している内容を取り入れて充実が図られてきました。現在の会計ルールには、こうした実績が評価され、生協会計基準の内容がかなり反映されています。会計ルールの概要については、第5章で説明します。

(2) 剰余金処分

　生協は組合員のニーズを実現する事業体として、経営基盤の安定強化を図るために、自己資本を充実することが必要です。他方、組合員への還元についても考えなければなりません。生協の1年間の事業で

得られた剰余金については、このような要請を踏まえて、適正な処分方針を生協ごとに確立する必要があります。生協法には剰余金処分に関する規定がいくつか設けられていますが、これらは生協ごとの剰余金処分に関する方針を確立する上での前提となるものです。

剰余金の積み立て、繰り越しについて、生協法は法定準備金と教育事業等繰越金という2つの形態を定めています。生協は、毎事業年度の剰余金の10％以上を積み立てなければなりません（法第51条の4第1項）。これが法定準備金です。法定準備金の積み立ては、定款に定める額に達するまで毎年行う必要がありますが、定款で定める額は少なくとも出資総額の2分の1以上でなければなりません。ただし、元受共済事業を行う生協における法定準備金については、定款で定める額は少なくとも出資総額以上、毎事業年度の剰余金からの積み立ての割合は20％以上に、それぞれ加重されています（法第51条の4第2項）。

また、毎事業年度の剰余金の5％以上は、次年度の教育事業の費用に充てるために繰り越すことになっており、教育事業等繰越金と呼ばれています（法第51条の4第4項）。教育事業等繰越金は、教育事業の費用のほか、地域で行う子育て支援、家事援助などの組合員活動の費用にも充てることができます。

このほかにも、各生協の判断で自主的に剰余金を積み立てることができますが、これは任意積立金と呼ばれています。

なお、医療・福祉事業を行う生協では、医療福祉等事業を他の事業と区分して経理し、その剰余は法定準備金・教育事業等繰越金を控除した後で積立金として整理した上で、医療福祉等事業の費用に充てなければなりません（法第50条の3第3項、第51条の2）。

剰余金の割戻しには、組合員の利用分量に応じて行うものと、組合員の出資額に応じて行うものとがあります（法第52条第2項）。一般に、前者は利用割戻し、後者は出資配当と呼ばれています。いずれもロッチデール以来の伝統がある組合員への還元形態です。利用割戻しは、組合員への供給価格の事後修正であって、実質的には値引きです。そのため、利用割戻しに充てた金額については、税法でも損金に算入されることになっています。出資配当は、配当という形で行っているも

のの、意味合いとしては出資金に対する利子です。そのため、出資配当の率は1割以内に制限されています（法第52条第4項）。

(3) 開示

事業体においては、重要な書類について事務所に備え置き、利害関係者に閲覧させるように義務付けられているのが通例です。生協も同様で、以下の書類について備え置き、開示を拒む正当な理由がない限り、組合員や債権者の請求に応じて開示しなければなりません。

書類	備置場所	備置期間	請求できること	法の規定
組合員名簿	主たる事務所	（常時）	閲覧、謄写　※5	第25条の2
定款、規約	各事務所	（常時）	閲覧、謄写　※5	第26条の5
理事会議事録	各事務所	［主］10年　※1 ［従］5年　※2	閲覧、謄写　※5 ※6	第30条の7
決算関係書類等	各事務所	［主］5年　※1 ［従］3年　※3	閲覧、謄本・抄本の交付　　※5	第31条の9
総(代)会議事録	各事務所	［主］10年　※1 ［従］5年　※4	閲覧、謄写　※5	第45条

※1 備置期間は主たる事務所と従たる事務所で異なります。［主］は主たる事務所での備置期間、［従］は従たる事務所での備置期間を示しています。

※2 理事会議事録の備え置きは、法律上「理事会の日」からとされていますが、議事録作成に期間を要するため、合理的な期間内に作成し、作成後直ちに備え置く必要があります。

※3 決算関係書類等の備え置きは、通常総（代）会の2週間前から行う必要があります。

※4 総（代）会議事録の備え置きは、法律上「総（代）会の日」からとされていますが、議事録作成に期間を要するため、合理的な期間内に作成し、作成後直ちに備え置く必要があります。

※5 「謄写」とは、請求者自らが書き写すことを指します。これに対して、「謄本・抄本の交付」とは写し（コピー）の交付を指します。

※6 理事会議事録には機密事項が含まれている可能性があるため、債権者による開示請求は、(a) 役員の責任を追及するため必要な場合に、(b) 裁判所の許可を受けて行うことが条件となっています。

なお、決算関係書類等も利害関係者への開示が義務付けられています。決算関係書類等の適正さを保障するためには、実効性のある監査制度が必要です。生協の監査は監事による監査が基本であり、法律上専門家による外部監査が義務付けられているのは、元受共済事業を行う一部の生協（連合会と負債総額200億円を超える単位生協）だけです。しかし、それ以外の生協でも、一定以上の事業規模である場合は、専門家による監査も行わなければ実効性のある監査とはいえません。そのため日本生協連では、負債総額50億円以上の生協に対して、公認会計士や監査法人による決算関係書類等の監査制度を自主的に導入するように勧めています。

～～～ **まとめ** ～～～～～～～～～～～～～～～～～～～～～～

◇2007年生協法改正の際に、省令（施行規則）の中で会計ルールが詳細に定められた。その内容には、従来の自主基準である「生協会計基準」の内容がかなり反映されている。

◇剰余金の積み立て、繰り越しは、法律で義務付けられている法定準備金、教育事業等繰越金のほか、自主的に行う任意積立金がある。このほか、医療・福祉事業を行う生協では、区分経理と医療福祉等事業積立金の制度がある。

◇剰余金の割戻しは出資配当と利用割戻しがあるが、出資配当の率は年１割以内に制限されている。

◇生協は、組合員名簿、定款、規約、理事会議事録、決算関係書類等、総（代）会議事録を備え置き、組合員や債権者に開示しなければならない。

～～～～～～～～～～～～～～～～～～～～～～～～～～～～～～～

６．監督

　生協の設立、定款の変更、共済事業規約・貸付事業規約の設定・改廃、合併、解散については行政庁の認可が必要とされています。また、員外利用の許可などの許可権限、報告徴収・検査や改善命令などの監

督権限も行政庁に与えられています。これは、生協の活動が法令を遵守し、公正に行われることを保障するために、その指導監督の根拠となる権限を行政庁に対して与えているものです。

　しかし、生協は消費者の自主的な組織ですから、法令を遵守し、公正妥当な運営を行う限り、組織内での自治は尊重されるべきです。このような観点から、認可に関する行政庁の裁量権限には一定の歯止めが設けられています。その１つは不認可にする理由の限定であり、もう１つは処理期間の限定です。不認可にする理由については、以下のように限定されています（法第58条）。

　（a）組合基準を満たしていない場合
　（b）設立手続、定款、事業計画の内容が法令や行政庁の処分に違
　　　反する場合
　（c）経営的基礎を欠くなど事業目的の達成が極めて難しいと認めら
　　　れる場合

　また、行政庁は、認可申請の後２カ月以内に認可または不認可の通知を発しなければならず、不認可の場合にはその理由を通知書に記載する必要があります（法第59条第１項・第４項）。その期間内に通知を発しなかった場合には、認可があったものとみなされます（法第59条第２項）。これらの歯止めは、元受共済事業・貸付事業に関する定款変更、共済事業規約・貸付事業規約の設定・改廃、元受共済事業・貸付事業を行う生協の解散や合併の場合を除き、すべての認可に適用されます。

　このほか、行政庁には報告徴収権、検査権、措置命令権、解散権など監督に関する広範な権限が与えられていますが、権限の詳細については省略します。

　なお、生協の所管行政庁は、生協の区域によって次のように定められています（法第97条）。
［区域が地方厚生局の区域内］　主たる事務所を管轄する都道府県知事
［区域が地方厚生局の区域を越える］　厚生労働大臣

　かつては、都道府県による生協行政は、機関委任事務として厚生労働省の指揮監督のもとに置かれていました。現在は、この間の地方分

権推進の流れの中で、生協行政のほとんどの部分が都道府県の自治事務とされ、各地方の独自性に応じた生協行政ができるようになっています。

　所管行政庁は、生協活動の健全な発展に関して責任を負う立場にありますから、法令に違反するなど不適正な行為があったときに指導監督を行うことは必要です。しかし、その一方、生協は消費者の自主的な組織として「自治」を保障されることが大切ですから、行政が生協の運営に必要以上に干渉することは生協法の建前からもおかしい、ということになります。現在、細かい事項まで含めて出されている行政通知や、ささいな点について行われる行政指導について、このような観点から考え直してみることも大切です。

　新しい協同組合原則は、第4原則として「自治と自立」を掲げ、政府を含めた他の組織との関係における自主性の確保を重視しています。こうした観点から、行政の監督に関わる制度についても、あらためて検討することが求められています。

〜〜 まとめ 〜〜〜〜〜〜〜〜〜〜〜〜〜〜〜〜〜〜〜〜〜〜〜

◇生協の設立、定款の変更、共済事業規約・貸付事業規約の設定・改廃、解散、合併には、行政庁の認可が必要であるが、行政庁の裁量権には制限がある。

◇行政庁には、報告徴収、検査、措置命令、解散命令など、生協に対する監督権限が与えられている。

◇区域が地方厚生局の区域内の生協は主たる事務所を管轄する都道府県知事、地方厚生局の区域を越える生協は厚生労働大臣が所管行政庁となる。

〜〜〜〜〜〜〜〜〜〜〜〜〜〜〜〜〜〜〜〜〜〜〜〜〜〜〜〜〜〜〜〜

第4章

生協の経営について考える

「経営」とは何を意味するのでしょうか。辞書（『新辞林』三省堂）によれば、経営とは

　（1）事業を行うこと。特に、営利事業を営むこと。「会社を経営する」

　（2）目的や方針を立てて組織を運営すること。「学級経営」

とされています。生協は営利事業を行ってはいけませんが、事業を行っています。また生協には目的や方針が存在しますし、生協そのものは組織です。そこで、「経営」を生協に当てはめて考えると、組合員への奉仕を目的として、方針を立て、事業を行い、生協という組織を運営すること、といえるのではないでしょうか。

1. 組織について考える

(1) 組織とは

　組織という言葉から、私たちはどのようなことを考えるでしょうか。辞書に例示された、学級も組織の一つです。生協も組織です。

　組織には、まず複数の人が存在します。一人の組織は考えられません。学級には、複数の児童と少なくとも一人の先生がいるはずです。生協には複数の組合員と、生協で働く複数の役職員がいます。

　組織には、必ず目的があります。学級は、より大きな組織である学校の中の一つの組織で、学校には児童に教育を行い、教育に必要な環境を整えるという目的があります。学級は、そのために学校を細分化したもので、学級も児童に教育を行い、教育に必要な環境を提供するという学校と同じような目的をもちます。生協は、生活者である組合員に物・サービスを提供することにより、組合員の生活に奉仕することが目的とされます。

　組織は複数の人たちが目的達成に向けて、様々な調整を行います。例えば、学級には学級をまとめていく学級委員がいたり、班や各種の委員会などが様々な活動を行います。生協にも、組合員であれば班がありますし、各種委員会が存在します。生協の役職員の中でも様々な事業部や管理部署などがあります。それぞれの部署は、生協の目的を達成するために、全体の仕事を分割してそれぞれが役割を発揮してい

きます。

　組織はなぜ必要とされるのでしょうか。それは、人が一人ではできないことを複数集まることによって達成することができるからです。例えば、私たちは家に住んでいますが、家を一人で造ることはできません。大工や左官という専門的な方々が力を合わせて一つの家を造っていきます。一つの家を造るときにも組織は存在しているのです。その結果、組織は一人ではとても発揮できない大きな力を発揮することができるのです。一人一人は自由な意思決定を行い、そのための能力を持っている人間が、一方でその能力に限界があるため、それを克服するために作り上げたものが組織ということもできます。

　以上のように考えると、組織とは複数の人々によって意図的に調整された諸活動の仕組みといえます。

(2) 組織と法人

　第１章では法人について考えました。

　法人とは自然人でないものに対し権利と義務を与えたものです。法人は自然人ではありませんので、自ら意思決定することが難しくなります。そこで、権利と義務を実行するために機関が必要とされます。機関が必要とされることから、複数の人により法人は運営されます。その意味で、法人は組織の一つということもできます。

　一方、組織は法人である必要はありません。学級は組織ではありますが、法人ではありません。では、学級は法人ではなく機関がないのだから、学級経営について考えることは意味がないということになるでしょうか。そんなことはないはずです。児童が自主的に、活き活きと学ぶ場を作り上げていくのは、大切なことです。

　すなわち、組織について考えるということは、法人について考える以上に、その目的や結果として発揮される諸活動を念頭に置いて考える必要があります。

(3) 組織に参加する人々

　組織は複数の人々で構成されますが、それはどのような人々なので

しょうか。

　学級は、少なくともその学級の児童や担任の教員から構成されます。しかし、それ以外の人々からも大きな影響を受けます。となりの学級や他の学年の児童、すなわち学校全体の児童からも影響を受けますし、校長先生以下様々な教員からも影響を受けます。また、学級の児童の父母や家庭、ＰＴＡなど、さらには学校の校区の様々な人々からも影響を受けます。このように、学級には様々な人々が影響を与えます。

　生協も同じように、出資し利用する組合員、生協の役職員、仕入業者や取引金融機関、行政や地域住民など様々な人々から影響を受けます。

　組織を考えるには、このような組織に関わるたくさんの人々について考えなくてはなりません。しかし、だからといって、闇雲に組織に関わる人々について考えればよいというわけではありません。その組織にとって重要な参加者は誰かについて、重点的に考えていくことになります。生協という組織について考える場合は、組合員と生協で働く役職員が重要な参加者であることはいうまでもありません。

（4）組織の運営

　では、組織がその目的を達成し、活動を高めていくためにはどのようにすればよいでしょうか。

　まず、組織は目的をもっています。目的を達成すれば組織は必要ありません。しかし、通常組織の目的は簡単に達成できるものではありません。生協の目的である、組合員への最大奉仕とは、どういうことでしょうか。組合員は生活者ですので、品質のよい安価な商品を一回提供すればよいということにはなりません。常にそのような商品を提供することによって、結果的に組合員の生活に奉仕することになります。すなわち、組合員が生活する限り、生協はその目的を追求し続けなくてはならないことになります。逆にいえば、生協は自然人ではないため、その目的を追求し続けるために、組合員が存在する限り永久に存在する必要もあるのです。すなわち、組織は少なくともその目的を追求するために存続し続ける必要があるのです。

　生協が存続していくためには様々な仕組みが必要となります。

　組合員に喜ばれるような商品を提供し、開発し続ける必要があります。すなわち、組合員のために価値を創造し続ける仕組みが必要です。

　一方で、生協は組合員のために経済的な事業を行っています。事業を継続するためには、事業継続に必要な仕組みを維持し、倒産は避けなくてはいけませんし、最小限の資源で最大の効果を引き出す必要があります。すなわち、効率的に事業を行う仕組みが必要となります。

　さらに、組織は複数の人々で成り立っていますので、その人々の間の情報伝達が必要です。例えば、生協が提供した商品に重大な欠陥があった場合、その情報は速やかに正確に組織全体で共有される必要があります。その情報に基づいて対応策が決定され、迅速に組織全体に発信される必要があります。すなわち、情報が組織全体に正確かつ迅速に伝達される仕組みが必要となります。

　一方、組織は社会の中で生きています。社会のルールは当然守っていかなければ、組織は存在し続けることはできません。社会のルールで最も重要なものは法令です。ただし、法律を守ればそれでよいというわけではありません。社会の一員として生協が尊敬される存在である方がよいに決まっています。すなわち、組織全体の倫理観を高くしていく仕組みが必要となります。

　以上のように、目的達成のため組織を存続させるためには、価値創造、効率性、情報の迅速性・正確性、高い倫理観、これらに基づいた仕組みを築いていく必要があるのです。

　ちょっと難しく感じるかもしれませんが、これらの組織運営のための仕組みは、全ての組織に存在するはずです。学級の中にも何らかの形で仕組みがあるはずですし、当然生協も組織ですので、これらの仕組みがあるはずです。逆にこれらの仕組みがないのであれば、既にその組織は崩壊していると考えた方がよいでしょう。

～～ まとめ ～～～～～～～～～～～～～～～～～～

　◇組織とは、複数の人々によって意図的に調整された諸活動の仕組みといえる。

◇目的達成のため組織を存続させるためには、価値創造、効率性、情報の迅速性・正確性、高い倫理観、これらに基づいた仕組みを築いていく必要がある。

2．生協の組織運営について考える

(1) 生協の組織目的

　生協の目的は組合員に奉仕することです。しかし、生協は全て同じことを行うわけではありません。同一区域内に複数の購買生協があったり、組合員の質の異なる職域生協があったりします。すなわち、究極の目的は生活者である組合員への奉仕ですが、どのように奉仕するかという生協の組織理念や、組合員そのものの異質性により、それぞれの生協は異なる活動を行います。

　組合員奉仕という究極の目的の下に、それをどのような組織として追求するかという組織理念があり、具体的にどのような分野で理念を追求するかという経営方針があります。また、どのように事業を遂行するかという事業方針があり、さらに各事業や部署の目標や計画が個別に1年あるいは数年単位で決められていきます。

　組織理念は、どのような組合員を想定するかによって変わってきます。生活者であることを中心に考えれば、生協の理念は生活創造、ライフ・パートナーという内容が中心になるのでしょう。一方、地域社会の一員たる組合員と考えれば、生協の理念は地域創造、協同という内容が中心になるのでしょう。同じ生協でありながら、それぞれの生協の理念が異なるのは、その生協の歴史や地域特性などにより、どのような組合員を基本的に想定しているのかの違いによるようです。また、時代の変化により、組合員像が少しずつ変わってくることにより、組織理念は修正されていくこともあります。

　組織理念が明確化されることにより、経営体としての生協がどのように組合員とつきあっていくかという経営方針が、より具体的になっていきます。どのような範囲で組合員に奉仕するかと言ってもよいで

しょうし、組合員の生活のどの部分で奉仕するかということでもあります。食生活を中心に考えるのか、衣食住を中心に考えるのか、健康を中心に考えるのか、地域活動を中心に考えるのか、生活のどの部分を考えるかにより、生協の事業の方向性や、組合員活動のあり方が変わってきます。一方で、経営方針は、経営全体の方針ですので、経営体としての生協のもつ資源ないしは実力を伴ったものでなければなりません。あまりに広すぎると実現不可能なものになったり、実際の事業活動展開時に、競合他社との競争に負けることになり、かえって組合員への奉仕に逆行する結果となる可能性もあります。時代の流れや経済環境、組合員のニーズなどの外部環境と、生協のもつ能力を十分に考慮した内容とするべきです。

　経営方針が明確になることにより、どのように事業を行っていくかが決まってきます。食生活を中心に考えれば、事業としては食品の購買を中心とした事業になりますし、組合員活動は食に関わることが中心になるでしょう。広く生活全般と考えれば、衣食住だけでなく、レジャーや健康活動など多岐にわたる事業方針になるでしょう。さらに、どのような商品やサービスを組合員に提供するかが、この段階ではより明らかに具体的になります。

　事業方針や活動方針が明らかになることにより、生協の各部署に具体的な役割が割り振られ、各部署の目標や計画が具体的に定められることになります。さらに目標や計画を達成するために、どのような仕組みで役割を果たしていくかといったことも具体的に組み立てられてきます。

コラム4-① 様々な生協

　それぞれの生協は、どのような組合員を想定するか、あるいは組合員の生活のどこを事業の中心にするかの考え方の違いで、いくつかの分類ができます。本書は、主として購買事業を行う地域生協を想定して作られています。しかし、世の中には様々な生協があります。

　法律上は、生協は地域生協と職域生協に区別されます。しかし、一般的

にはその行う事業に着目して次のように区分されます。

① （いわゆる）地域生協

　共同購入や店舗を利用して財・サービスを組合員に提供する、地域を区域とする生協です。多くの生協では、さらに共済事業や福祉事業を行っています。

②職場職域生協

　純粋に職場を職域とする生協です。職場単位の共同購入が主な事業ですが、職場内に店舗をもつ場合もあります。また、必要に応じて職場の食堂を展開する場合もあります。

③居住地職域生協

　もともと職域生協であったものが、店舗利用など、地域のニーズに合わせて、地域生協化した生協です。

④学校生協

　職域生協の内、学校の教職員を組合員としている生協です。学校は県内に点在していますので、職域生協ながら、全県で事業を展開するため、地域生協的側面を持ちます。共同購入が主ですが、教職員の信用力を活かして、指定したお店で組合員価格で買い物ができる指定店制度や、学校現場に商品をもってお伺いする巡回なども行っています。また自前で、あるいは地域生協と協力して、週単位で食品などをお届けする事業を行っているところもあります。

⑤大学生協

　大学の学生や教職員を組合員とする職域生協です。勉学用品や日常必要な食品、書籍、食堂、旅行、共済などの事業を扱っています。理髪店を運営している生協もあります。生協法に基づいた最初の生協は大学生協です。生協運動の根幹を支えてきた生協といえます。

⑥住宅生協

　住宅の販売・あっせんを主として行う地域生協です。人が一生に１度か２度しか購入しないものを扱いますので、地域生協とは別の形で発展してきました。現在では、住宅は庶民の手に届くものとなり、多くの住宅関連の事業者がいます。このため、住宅の販売・あっせんのみでなく、住まい作りなどの事業にも展開しています。

⑦医療福祉生協

　医療事業を行う地域生協です。病院・診療所だけではなく、現在は訪問看護や介護事業も行っています。組合員たる患者を中心にした地域に根ざした医療・介護を展開しています。なお、医療法との関係で、出資配当は行っていません。

⑧共済生協

　共済を主たる事業とする生協です。職域生協の場合もあれば、地域生協の場合もあります。共済に特化していますので、生命共済や自賠責共済なども行っています。

⑨その他

　以上のほか、組合員への貸し付けを行う信用生協などの生協があります。

（2）生協の事業運営の仕組みとルール

　生協の組織目的がより具体化することにより、生協の事業が明らかになります。生協はその事業を行うことにより、組合員に奉仕するとともに、組合員から預かっている出資金を効率的に運用し、生協が存続し、発展するための原資を自ら生み出す必要があります。

　事業を通して組合員に奉仕するということは、例えば購買事業であれば、組合員に喜ばれ支持される商品を提供することです。このことを価値の創造と呼びました。一方、組合員から預かった出資金を毀損（きそん）させず、永久に組合員に奉仕していくための原資をえるために、事業は効率的に、すなわち少ない出費でできるだけ高い価値のものを生み出す必要があります。このことを効率性と呼びました。さらに、価値の創造や効率性を高める前提には、情報が正確かつ迅速に流れる必要もあります。

　より価値の高いものを創造し、効率性を高めていくためには、闇雲に事業を行うのではなく、一定の仕組みを作り、一定のルールに則って（のっと）事業を行う必要があります。情報が正確かつ迅速に流れるための仕組みやルールも必要になります。また、生協の職員や各部署がバラバラに活動をすると、全体としての統一性や、組合員や取引先などに対

し一貫性を欠くことになるため、生協全体としてのルールも必要となります。また、社会に適応するために社会のルールである法令を遵守することも当然です。

　生協の事業の仕組みの代表的なものとして、共同購入があります。これは、2人または3人以上の班からカタログにあるものを受注し、その商品を仕入れ、供給する仕組みです。班を通じるため、個別の配送より経費がかからず効率的ですし、カタログに載せる商品数には限りがあるため、受注品数が絞られ、量を確保することができるため仕入れ原価を抑えることができます。また、カタログに載せる商品は生協が決定しますので、組合員ニーズに沿った商品展開が可能です。さらに、商品は配送されますので、組合員は商品を自ら運ぶ手間を省くことができます。

　このように、共同購入は価値創造や効率性の面で非常に優れた仕組みですが、一方でこの仕組みの中にはいくつものルールが前提になっています。配送先は班であり個人でないこと、発注日は曜日が固定されており、発注から配送まで通常1週間かかること、高級品や大型商品の配送はできないなど暗黙のルールがあるはずです。

　仕組みやルールは、時代の変化や組合員ニーズの変化により少しずつ変化していかないと、本来の目的である組合員への奉仕に逆行する場合があります。班ではなく個人宅への配送が主流になる中で、仕組みそのものを大きく変えてきました。大型品の配送が可能なよう、配送方法そのものを見直す場合もあります。より良い仕組み・ルールに転換することにより、より高い満足を組合員に与え、生協がより利用されるようにすることも、生協が永久に存続していくために必要なことです。

　ところで、ルールは生協全体としての一貫性や社会性を保つためのものと、各事業や職種に限られるものとがあります。生協全体のルールの代表が定款であり、限定的なものの代表として担当者マニュアルなどがあります。

　一方、ルールは文書化されたものもあれば、暗黙の了解というルールもあります。守られているルールもあれば、守られていないルール

もあります。重要なことは、ルールを作ることや、守ることではなく、必要なルールがあり、必要なルールが守られていることです。必要なルールとは、生協組織の一貫性にとって、あるいは組合員奉仕という究極の目的を達成するために策定された経営方針や事業計画、職務目標を達成するために必要なもののはずです。不必要なルールだから守られていない、あるいは必要性が伝えられていないから守られていないのではないでしょうか。

　十分なコミュニケーションの下、経営方針や事業計画の内容が生協の末端まで理解され、それが各人の職務目標に落とし込まれ、そこで必要なルールが理解されてこそ、必要なルールが作られ、守られていくのです。生協の組織目標の設定の良否こそが、結果的に事業運営の仕組みの優劣を決め、結果的に事業成績に表れてくるのです。

(3) 生協の事業環境と組織文化

　一般に事業環境の変化が安定している産業は、効率性を追求し、ルールに厳格で、組織文化は堅実といわれます。例えば鉄や繊維、紙などの汎用品メーカーは、市場が安定しており、効率性を追求することにより製品原価を低く抑え、市場競争力を高めることにより経営を安定化させます。このため、製造工程の機械化が進み、経営の意思決定などの権限はトップ層に集約され、効率化のためにルールを厳格にしていきます。結果として、ルールを守ることが従業員の大きな職務になり、組織文化は堅実になるといわれます。

　一方、事業環境の変化が激しい産業は、より新しい価値を創造するためにルールに縛られない自由な発想を重視し、機動力など組織文化は闊達（かったつ）といわれます。例えば、ＩＴ産業やバイオ技術などの産業は、常に市場環境が激変しているため、常に新しい技術や市場を追い求めます。創造性を追求することにより、自らの地位を確立し、他社のえられないような利益を追い求めます。このため、常識にいささか欠けても発想豊かな従業員を必要とし、最低限のルールの中で自由な発想が求められ、瞬時の判断はより現場に近いところに権限が委譲されます。結果として事業環境への機動的な対応と、実力主義が強い組織文

99

化となります。

　生協の事業環境はどうでしょうか。地域生協であれば、地域の組合員の変化はどの程度でしょうか。地域の実情により、生協の事業環境はそれぞれで異なるはずです。ただ、組合員の生活が毎日激変するわけではありませんから、どちらかというと安定的といえるのでしょう。ただし、組合員の食の安全性や価格に対する評価は時代により大きく変化しています。

　かつて生協は、中流層といわれる大衆を対象に発展してきました。皆それなりに豊かであるが、必ずしも上流ではなく、同じ程度の生活をしていると信じていた時代でした。組合員の求めるものは、生協ブランドとしての安心・安全神話の中で標準化され、安定的な事業環境にあったといってもよいでしょう。このような時代を生き抜いた組織は、安定的であるため、組織文化としては堅実ではあるものの、挑戦意欲や機動力、創造的活動はあまり必要とされていなかったのではないでしょうか。

　社会的にも所得格差、消費の階層化、個人ニーズの多様化、食の安全神話の崩壊、マスの消滅、少子高齢化、団塊世代のリタイヤ、一方で若年層の形骸化された消費行動などが話題になります。今までのように「組合員」としてイメージされる消費者ではなく、多彩な「組合員」が生協に加入しているのではないでしょうか。このような組合員に対峙するための生協の組織文化は、今まで通りでよいはずはありません。様々な意見の異なる組合員に納得してもらえるような、豊かな発想によるメッセージを伝えられる組織文化をもつ必要があります。

　組織文化は、事業運営の仕組みに大きな影響を与えます。組織文化とは、組織の主要な参加者（特に職員や役員）により共有される行動の仕方や暗黙のルール、全体を支配する価値観をいいます。生協の事業運営の仕組みを作るのは、生協の職員や役員です。仕組みを作る人たちが、かつて成功を収めたころの組織文化を引きずったままで新たな仕組みを作ったとしても、それは現在の組合員が望む仕組みと程遠いものになりかねません。

　組織文化を時代の環境や事業の置かれた環境に適合させることは、

経営体の使命であり、組織の存亡に関わるものです。組合員の質の変化が事業環境を安定的から流動的に変化させている現在、生協の組織文化は徐々に変化していく必要があります。

　そもそも、生協の役員や職員が、常に組合員とコミュニケーションに努め、組合員の意見を積極的に事業や活動に取り入れ、様々なメッセージを発信してきていれば、既に生協の組織文化は事業環境に適合したものになっているはずです。生協として当たり前のことを当たり前に行っていれば、事業環境の変化を見落とすことなく、生協はこれからも永遠に存続できるはずです。

～～～　**まとめ**　～～～～～～～～～～～～～～～～～～～～～～～～～

　◇組合員奉仕という究極の目的の下に、組織理念、経営方針、事業方針などが必要である。

　◇生協の組織目標の設定の良否により、またその浸透度により、事業運営の仕組みが成り立ち、事業成績を左右する。

　◇組織文化を時代の環境や事業の置かれた環境に適合させることは、経営体の使命であり、組織の存亡に関わる。

～～～～～～～～～～～～～～～～～～～～～～～～～～～～～～～～～

第5章

生協の財務について考える

1. 会計の役割と財務諸表

(1) 会計とは何か
①会計とは

　会計の定義については、色々な言われ方がされていますが、1941年にアメリカ会計士協会が定義したものとして、以下のようなものがあります。

　「会計とは、少なくとも財務的性格をもつ取引や事象を、意味のあるやり方で貨幣額によって、記録、分類、集計し、かつその結果を解釈する技術である。」

　この定義の特徴は、会計を計算システムと捉えており、会計のプロセスを重視したものといえます。このため、数値を加工し、その結果を解釈できる一部の専門家のものとして会計を捉えています。これでは家計簿的なものは、この定義では会計に含まれないとも考えられます。

　しかし、家計簿は、家計の状況を示すもので、これにより今月は節約しよう、あるいは少し余裕があるから美味しいものでも食べに行こうという意思決定に、大きな影響を与えています。

　そこで、1966年にアメリカ会計学会は、会計を以下のように定義しなおしました。

　「会計とは、情報の利用者が事情に精通して判断や意思決定をすることが可能なように、経済的情報を識別し、測定し、伝達するプロセスである。」

　この定義の特徴は、会計を計算ではなく情報のシステムと捉えており、会計を利用する人の意思決定への有用性を重視したものです。この定義によれば、家計簿的なものも意思決定に有用なものですから、会計に含まれ、私たちの生活の中で必要な日常的なものと会計を解釈することができます。

②会計の役割

日本語の「会計」は英語の"accounting"を訳したものです。そもそも"accounting"は"account for"が変化したもので、"account for"とは「委託された資金等の使途を明確に説明する」という意味です。

このことを生協に当てはめて考えてみましょう。

組合員は生協に出資します。生協は、このお金を組合員が利用する店舗などの建設に投資します。できあがった店舗などは、組合員が利用し、供給を生み、商品代というお金に変わります。このお金を使って商品の仕入れ代金や店舗などの職員の給与に充て、さらに幾ばくかの余剰を生みます。このことを投資の回収といいます。この余剰は、店舗などの建設のための資金を提供してくれた組合員に何らかの形で還元する必要があります。そこで、その余剰を使い出資配当や利用分量割戻しとして組合員に還元します。そのために、生協の経営者（理事）は、総代会で、組合員が出してくれたお金である出資金の使用状況と、結果的にでた剰余を報告し、組合員へ剰余の還元としての剰余金処分案を提案します。

委託された資金等が出資金であり、使途の説明が決算報告となります。

会計の機能として、利害調整機能、情報提供機能、ディスクロージャー(情報開示)がいわれています。以下簡単に考えていきましょう。

会計の利害調整機能

先に述べた通り、組合員は出資金を生協に委託した委託者で、経営者（理事）はその出資金を預かった受託者と考えることができます。

受託者の義務は、委託された資金を管理・運用することにより経営体の活動を健全にすることにあります。このことを受託責任と呼んでいます。

経営者（理事）は組合員に対し受託責任の履行を会計報告として説明する責任があります。同時に、経営者（理事）は出資者以外に資金や信用を提供した債権者（銀行・商社等）に対し債務の返済能力を示

す責任があります。この責任を全うするため決算報告という形の会計報告を行います。

　すなわち、会計は経営者（理事）・組合員・債権者という三者の利害調整の役割を担うことになります。このことを会計の利害調整機能といっています。

会計の情報提供機能

　組合員は総代会で決算書類を承認します。「承認する」ということは、自らの判断で意思決定を行っていることを示します。

　一方、組合員は決算の状況を見ながら、財務状態が健全でかつさらに様々な施設等を作って欲しいと考えれば増資を行いますし、財務状況があまりよくなく、出資金が返ってくるかどうか心配と考えれば減資を検討しますし、財務状態はよくないし利用も気が乗らないと考えれば脱退を考えます。すなわち、決算書類を見ることにより、今後も引き続き出資をするのかどうかの意思決定を行うのです。もちろん多くの組合員は、理事の経営を信じていますので、あまり決算書を見ていないでしょうが、本来はそれなりの出資を行っているのですから、上述のようなことを無意識に考えているはずです。

　一方、まだ組合員となっていない人は、生協に加入するかどうかを考えるときに、生協の商品を購入するメリットのほか、出資金が確実に戻るかどうかも判断します。すなわち決算の状況を見て出資するかどうかを決めるはずです。

　このように、会計は組合員等の意思決定に役立つ財務情報を提供する役割を担っているのです。このことを会計の情報提供機能といっています。

ディスクロージャー（情報開示）

　先に紹介したように「情報の利用者が事情に精通して判断や意思決定をすることが可能なように、」会計は、生協と利害関係をもつ組合員・役職員・債権者等に、生協の正確かつ有用な情報を広く開示していく機能を担っているのです。

(2) 生協の会計と簿記
①生協の事業の流れ
　もう一度、生協の事業の流れを確認しましょう。

　組合員は生協に出資します。この出資金を使って生協は組合員が利用する店舗などを建設します。投資した店舗などを使って生協は事業を行います。すなわち商品を組合員に供給したり、旅行や共済などのサービスを提供します。また、組合員活動なども行います。これらの活動により供給代金やサービス料が収益として発生し、同時に仕入れ代金や職員の給与、組合員活動のための費用が発生します。収益と費用の差額が剰余と呼ばれ、この剰余は新しい投資に回ったり、組合員に出資配当や利用分量割戻しとして還元されることになります。

　ここで重要なことは、組合員が出資した出資金がどのように投資されているか、投資することにより行われる事業からどれだけ収益を生み出しているか、そして事業活動に伴い発生する費用がどの程度か、結果的に収益と費用の差額である剰余はいくらであるかを、正しく計測する必要があるということです。正しく計測する技術のことを「簿記」といいます。

②簿記とは
　簿記は英語で"book keeping"といい、そのまま訳すと「帳簿記入」となります。これを略したのが「簿記」です。

　簿記とは、特定の経済主体の経済活動と経済事象を貨幣的に測定・記録し、その経済主体の財産の変動を明らかにするための技術のことをいいます。

　ちなみに、1494年にイタリアのベニスで出版された書物に、すでにベニスで行われていた複式簿記の紹介がされています。すでに500年以上続いている技術なのです。また、日本で最初の簿記書は福沢諭吉が訳した「帳合之法」（1873年）です。福沢諭吉がお札の肖像となった理由はこのようなところにも伺えます。

③簿記の仕組み

簿記という技術を使うことにより、決算書が作成されます。主要な決算書の種類には以下のようなものがあります。

貸借対照表

　＝ある時点の組織の財産の状況を示した表です。

損益計算書

　＝ある一定期間の組織の収益・費用(経営状況)を表した書類です。

剰余金処分案（計算書）

　＝組織がある一定期間に生み出した剰余をどのように使用するか組合員にはかる書類です。

簿記は期首の貸借対照表をスタートとし、当期の経済的取引を仕訳 [注1] という技術で認識し、集計し、期末の貸借対照表と損益計算書を作成します。

（注1）仕訳はあくまで技術であり、その技術を学ぶことは本書の目的ではありません。簡単に仕訳を説明すると以下の通りです。

仕訳を積み重ね、集計したものが貸借対照表と損益計算書になります。仕訳した項目を4つの種類に分類し、集計したもので、図表1のようになります。ちなみに、集計しただけの段階のものを試算表と呼んでいます。貸借対照表と、損益計算書は分離する前では、借方・貸方の合計は一致しています。さらに、資産・負債を貸借対照表として、収益・費用を損益計算書として分離したのが、図表2です。当然のことですが、損益計算書の当期剰余金は、貸借対照表の資本の部の増加部分と一致します。一致することにより、貸借対照表は、資産と資本の合計額が一致することになります。

それでは、仕訳を4つの種類に分類した、資産・資本・収益・費用とは何を意味するのでしょうか。

まず、資産とは、組合のもっている権利（所有権、請求権他）及び将来の費用（減価償却資産）のことをいいます。資本の内、組合が果たすべき現在及び将来の義務（債務）を負債（他人資本）といいます。負債でない資本を狭義の資本（自己資本）といい、組合員に実質的に帰属する財産（資産－負債）です。貸借対照表は、資産としての権利

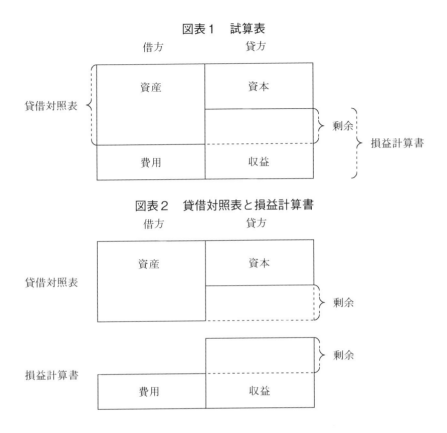

図表1　試算表

借方　　　　　　貸方

貸借対照表

資産　　　　　資本

剰余

費用　　　　　収益

損益計算書

図表2　貸借対照表と損益計算書

借方　　　　　　貸方

貸借対照表

資産　　　　　資本

剰余

損益計算書

剰余

費用　　　　　収益

と、負債である債務者への義務および自己資本である出資者たる組合員への義務が一致しています。権利と義務は、常に裏腹であることを貸借対照表は示しているのです。

　一方、収益は事業を行うことにより獲得した価値（成果）をいいます。費用は事業を行うことにより喪失した価値（努力）をいいます。努力して十分な成果を上げれば、その差額である剰余が生じます。収益から費用を引いたもので、貸借対照表の自己資本の当期の増加部分となります。

　ちなみに、貸借対照表と損益計算書が有機的に結合していることから、ゲーテは複式簿記を「最高の芸術である」と絶賛したそうです。

仕訳は、一つの経済的取引を二つの面で捉えます。例えば店舗で組合員が商品を購入した場合、供給が発生した、商品代金が入金された、という二つに分解します。供給の金額も、入金された金額も一致します。このように、ある経済事象を二つに分解し、かつ、ともに同じ金額で認識します。二つに分解した左側を「借方（かりかた）」、右側を「貸方（かしかた）」といいます。借方と貸方の金額は同じですので、集計した借方と貸方の合計も必ず一致します。

④勘定科目

今までは、大くくりに、資産・負債・自己資本・収益・費用といってきましたが、具体的にはどのようなものでしょうか。実際に仕訳を切る場合は、資産項目の○○という形で認識します。○○の部分を勘定科目といいます。

資産は、さらに流動資産、固定資産、繰延資産に分類されます。流動資産は、1年以内で現金になるか、あるいは費用になるはずのもので、具体的な勘定科目としては、現金預金、商品、供給未収金、前払費用などが該当します。固定資産は、1年を超えて現金になるか、あるいは費用になるはずのもので、具体的な勘定科目としては、建物、土地、ソフトウェア、敷金などが該当します。繰延資産は、会計技術的に資産とされるものですが、通常は発生しません。

負債は、さらに流動負債、固定負債に分類されます。流動負債は1年以内で返済しなくてはいけない債務か、あるいは収益になるはずのもので、具体的な勘定科目としては、短期借入金、買掛金、前受金などが該当します。固定負債は、1年を超えて返済しなくてはいけない債務か、あるいは収益になるはずのもので、具体的な勘定科目としては、長期借入金、退職給付引当金、長期前受金などが該当します。

自己資本は、さらに出資金、剰余金に分類されます。出資金は、組合員が払い込んだ出資金です。剰余金は、過去から積み重ねてきた剰余金です。当期剰余金は、その一部となります。なお、貸借対照表で「純資産の部」と表示されているものは、自己資本とどこにも分類できないものからなっています。

図表3

貸 借 対 照 表

○○生活協同組合　　　　　　　　　　　　　　　年　月　日　現在

科　目	金　額	科　目	金　額
（資産の部）		**（負債の部）**	
I　流動資産		IV　流動負債	
現 金 預 金	×××	支 払 手 形	×××
受 取 手 形	×××	買 掛 金	×××
供 給 未 収 金	×××	短 期 借 入 金	×××
有 価 証 券	×××	短期組合員借入金	×××
商 品	×××	未 払 金	×××
貯 蔵 品	×××	未 払 税 金	×××
そ の 他	×××	未 払 消 費 税 等	×××
貸 倒 引 当 金	△×××	未 払 割 戻 金	×××
流 動 資 産 合 計	×××	未 払 費 用	×××
II　固 定 資 産		前 受 金	×××
1.有 形 固 定 資 産		預 り 金	×××
建 物	×××	賞 与 引 当 金	×××
減価償却累計額	××× ×××	ポイント引当金	×××
構 築 物	×××	設 備 支 払 手 形	×××
減価償却累計額	××× ×××	共 済 契 約 準 備 金	×××
車 両 運 搬 具	×××	そ の 他	×××
減価償却累計額	××× ×××	流 動 負 債 合 計	×××
器 具 備 品	×××	V　固 定 負 債	
減価償却累計額	××× ×××	長 期 借 入 金	×××
土 地	×××	長 期 組 合 員 借 入 金	×××
建 設 仮 勘 定	×××	退 職 給 付 引 当 金	×××
有 形 固 定 資 産 合 計	×××	役員退職慰労引当金	×××
2.無 形 固 定 資 産		繰 延 税 金 負 債	×××
の れ ん	×××	そ の 他	×××
借 地 権	×××	固 定 負 債 合 計	×××
借 家 権	×××	負 債 合 計	×××
ソ フ ト ウ ェ ア	×××		
そ の 他	×××	**（純資産の部）**	
無 形 固 定 資 産 合 計	×××	VI　出 資 金	
3.その他の固定資産		組 合 員 出 資 金	×××
関 係 団 体 等 出 資 金	×××	VII　剰 余 金	
長 期 有 価 証 券	×××	1.法 定 準 備 金	
長 期 貸 付 金	×××	法 定 準 備 金	×××
長 期 前 払 費 用	×××	2.任 意 積 立 金	
差 入 保 証 金	×××	○ ○ 積 立 金	×××
長 期 預 金	×××	○ ○ 積 立 金	×××
繰 延 税 金 資 産	×××	任 意 積 立 金 合 計	×××
そ の 他	×××	3.当 期 未 処 分 剰 余 金	
貸 倒 引 当 金	△×××	当 期 未 処 分 剰 余 金	×××
その他の固定資産合計	×××	（うち当期剰余金）	（×××）
固 定 資 産 合 計	×××	剰 余 金 合 計	×××
III　繰 延 資 産		VIII　評 価 ・ 換 算 差 額 等	
創 業 費 等	×××	その他有価証券評価差額金	×××
		純 資 産 合 計	×××
資 産 合 計	×××	負 債 ・ 純 資 産 合 計	×××

図表4

損 益 計 算 書

○○生活協同組合 　　　　　　　　　　　　　　　　　　自　年　月　日
　　　　　　　　　　　　　　　　　　　　　　　　　　　至　年　月　日

Ⅰ．供　給　高　　　　　　　　　　　　　　　　　　　　　　　×××
Ⅱ．供　給　原　価
　(1)　期首商品棚卸高　　　　　×××
　(2)　仕　　入　　高　　　　　×××
　　　 合　　計　　　　　　　　×××
　(3)　期末商品棚卸高　　　　　×××　　　　　　　×××
　　　 供給剰余金　　　　　　　　　　　　　　　　×××
Ⅲ．事　業　経　費
　(1)　人　　件　　費　　　　　×××
　(2)　物　　件　　費　　　　　×××　　　　　　　×××
　　　 事業剰余金　　　　　　　　　　　　　　　　×××
Ⅳ．事業外収益
　(1)　受　取　利　息　　　　　×××
　(2)　受　取　配　当　金　　　×××
　(3)　雑　　収　　入　　　　　×××　　　　　　　×××
Ⅴ．事業外費用
　(1)　支　払　利　息　　　　　×××
　(2)　雑　　損　　失　　　　　×××　　　　　　　×××
　　　 経常剰余金　　　　　　　　　　　　　　　　×××
Ⅵ．特　別　利　益
　(1)　固定資産売却益　　　　　×××
　(2)　…………　　　　　　　 ×××　　　　　　　×××
Ⅶ．特　別　損　失
　(1)　固定資産売却損　　　　　×××
　(2)　…………　　　　　　　 ×××　　　　　　　×××
　　　 税引前当期剰余金　　　　　　　　　　　　　×××
　　　 法　人　税　等　　　　　×××
　　　 法人税等調整額　　　　　×××　　　　　　　×××
　　　 当　期　剰　余　金　　　　　　　　　　　　×××
　　　 当期首繰越剰余金　　　　　　　　　　　　　×××
　　　 会　計　上　の　変　更　　　　　　　　　　×××
　　　 に　よ　る　影　響　額
　　　 (又は、過去の誤謬の　　　　　　　　　　　 (×××)
　　　 訂正による影響額)
　　　 ○○積立金取崩額　　　　　　　　　　　　　×××
　　　 当期未処分剰余金　　　　　　　　　　　　　×××

112

　収益は、さらに事業収益、事業外収益、特別利益に分類されます。事業収益は、通常の事業を行う上で発生する収益で、具体的な勘定科目としては、供給高、利用事業収入、受入共済掛金などが該当します。事業外収益は、事業と直接関わりなく、しかし恒常的に発生する収益で、受取利息・配当金、雑収入などが該当します。特別利益は、事業と直接関わりなく、かつ臨時的に発生する収益で、固定資産売却益などが該当します。

　費用は、事業原価、事業費用（人件費、物件費）、事業外費用、特別損失、法人税等に分類されます。事業原価は、事業収益と対応して発生するもので、供給原価、利用事業費用、支払共済金などが該当します。事業費用は、事業に必要なものですが、完全には事業収益と対応しないもので、人件費（給与、福利厚生費等）、物件費（教育文化費、消耗品費、減価償却費等）が該当します。事業外費用は、事業と直接関わりなく、しかし恒常的に発生する収益で、支払利息、雑損失などが該当します。特別利益は、事業と直接関わりなく、かつ臨時的に発生する費用で、固定資産除却損、災害・事故損失などが該当します。

　貸借対照表および損益計算書のひな形は図表3、4の通りです。

(3) 財務会計・管理会計・税務会計

　会計とは、「情報の利用者が事情に精通して判断や意思決定をすることが可能なように、経済的情報を識別し、測定し、伝達するプロセス」でした。では、どのような利用者が会計を利用して意思決定するのでしょう。ここでは、利用目的別に、会計が異なることを、財務会計、管理会計、税務会計について考えていきます。

①財務会計とは

　財務会計とは、組合員などの出資者、銀行などの債権者、取引先、税務当局など組織外部の利害関係者に対して、当該組織の経済活動及び経済事象を財務諸表などの財務情報を用いて報告することをいいます。

　財務会計の報告対象は、生協外部（組合員を含む）の利害関係者です。そのため、財務会計のことを外部報告会計ともいいます。

財務会計の特徴は、一般的には１年間の経営成績及び事業年度末の財産の状況を主として報告します。生協の決算期間も通常は１年のはずです。ただし、株式を公開している企業の場合は、中間期および四半期の報告も必要とされています。また、財務会計は、多数の利害関係者に示されるため、ルールを明確化する必要があります。会計は、組織の内容をより実態に即して示そうとするため、いくつかの仮定や見積りを基に認識・測定・集計されます。このため、同一の事象に対していくつか異なる会計ルールが選択できる場合があります。どのルールを選択したのか、明確にしていなければ、会計情報がどのような前提で作られているのかわかりません。このため、会計のルールを明確にする必要があるのです。また、勝手にルールを変更したり、ルールを守らないことは慎まなくてはいけません。スポーツと同じで、ルールを守っているからこそ、プレイヤーは知恵を絞りますし、観客は楽しむことができます。生協の場合、この会計のルールにあたるのが、生協法施行規則で、財務会計としての基準となります。

　②管理会計とは
　管理会計とは、組織内部のマネジメントに対して経営意思決定、業績評価などに役立つ財務情報を報告することをいいます。
　管理会計の報告対象は、組織内部のマネジメントになります。そのため、管理会計のことを内部報告会計ともいいます。
　管理会計の特徴は、報告期間が日次ベースもあれば、数年にわたる場合もあります。例えば、店舗の供給管理などは、毎日の供給を知った上で翌日以降の対策を考えますので、日次ベースになります。共同購入の供給管理は、通常１週で全コースを回りますので、日次の場合もあれば週次の場合もあります。一方、大型のプロジェクトを企画している場合は、その期間全体が対象になりますので、報告期間は数年になる場合もあります。マネジメントが何を知りたいかにより、報告期間は様々です。
　また、管理会計で用いる利益などは、概念として損益概念で作成することもありますが、現金の出入りを基準に考えるキャッシュ・フロー

概念で作成することもあります。その他の概念を使うこともあり、組織の内部管理に役立てばよいものです。

　さらに、目標管理のために指数化、差額分析（予算差異）、投資に対する利回りを考える資本コスト概念を導入する場合など様々な形で行われます。このため、出力される数値は各組織やマネジメントの価値観に左右され、報告様式も様々な形式となります。

　このように、管理会計は、組織により自由に設計されます。

③財務会計と税務

　財務会計は、多数の利害関係者に会計報告するため、経済的な客観性が強く求められます。一方、税務は、課税の公平性を重視します。

　例えば、期限切れ間近の商品が倉庫にあったとしましょう。財務会計は、処分売りするしかない在庫なので、商品の単価は高くても処分売り予定価格で評価すべきと考えます。通常、仕入れ単価よりも大幅に安い単価になります。不良在庫については、経済性を考慮して、評価替えし、健全な価格で貸借対照表に表現するのが財務会計の考え方です。ところが、税務は、処分売りするかどうかは経営判断であり、期限切れになっていない以上は、仕入れ値で評価すべきと考えます。もし、色々な価格の設定が可能なら、評価を恣意的に下げて、損を出し、税金を節約しようとする経営者がたくさん現れると考えます。これでは、まじめに税金を納めようとする人と、恣意的に損を出そうとする人とで不公平が発生します。このため、確実に評価が下がっているという明確な証拠がなければ、税務は評価替えを認めません。極端な場合、だれが見ても時代遅れの商品であったとしても、それをもっているのは経営に責任があり、処分売りもせず廃棄もしていない以上、明確な証拠としてのその商品の評価額は仕入れ単価だからということで、評価替えを認めないこともあります。

　このように、財務会計と税務とは、利益や損失に関する認識が異なります。このため、財務会計上の収益・費用と税務上使われる益金・損金とは必ずしも一致しません。

　では、どのようにして税金の計算は行われるのでしょうか。税務申

告書では、財務会計上の剰余から、収益・費用の内、税務上は益金・損金にならないものを抽出し、申告書上で加算・減算して所得金額を確定します。税務上認められない商品の評価損は、会計上評価損を出して計算した剰余から、それを取り消すために、費用計上したけれども損金否認ということで剰余にプラスして所得金額を計算します。

このように、財務会計上は費用なのに、税務上は損金として認められないものの代表例としては、以下のものがあります。

賞与引当金

賞与は、通常半年間の勤務状況に対して支払われます。例えば、夏の賞与は、その前の半年間の職員の勤務状況により支払われます。ですから、期末時点では、その半年の内いくらかは夏の賞与として支払われるべき部分があります。来期の夏の賞与の内、当期に対応する賞与部分を賞与引当金として貸借対照表に負債で計上し、費用項目の賞与引当金繰入損が損益計算書に計上されます。しかし、税務は、賞与は業績等を考慮して最終的には経営判断として支払うのだから、損金としては認めません。実際、中小企業の多くは、賞与はそのときの業績次第で支払ったり支払わなかったりします。大企業は賞与の支払いが概ね約束されていますが、一方で中小企業は賞与を払うかどうかもわかりません。賞与引当金を認めると大企業有利の税制になり、不公平と考えます。

退職給付引当金

退職給付引当金は、職員が将来退職するときに支払う退職一時金等に備えて計上されます。職員の退職一時金等は、その計算上勤務期間に一定比例するように計算されます。そのため、財務会計は、職員が入職し退職するまでの間で、退職一時金等の費用を段階的に計上すべきと考えます。このため、毎期、当期負担すべき将来の退職金を退職給付費用として損益計算書に計上し、貸借対照表の負債に退職給付引当金を計上します。一方、税務の考え方は、退職一時金制度等が制度化されているのは大企業であり、中小企業の多くは退職一時金も業績

や職員の功労次第で出すかどうかもはっきりしていません。よって、賞与引当金同様退職給付引当金を認めると大企業有利の税制になるため、退職給付費用を損金として認めません。

棚卸資産（商品等）の評価減

前述した通り、経済的な客観性から考えれば商品等の評価減をすべきであっても処分売りしていない、あるいは廃棄していない以上は、税務は評価減を、厳格な要件を満たす場合以外は損金としては認めません。

以上の項目は、実は、実際に賞与や退職一時金を支払ったり、実際に商品等を処分売りしたり廃棄した場合は、その支払ったり処分した期に税務は損金として認めます。ですから、財務会計と税務は、単に費用・損金の認識する期が違っているだけで、長い目で見れば同じこととなります。

ところで、賞与引当金を計上しても税務上否認されてしまい、税務上損をするから、賞与引当金を計上したくない、という声を耳にすることがあります。よく考えてください。引当金以外に税務上調整すべき事項がなければ、引当金を計上しない場合、当期剰余金は、税務上の所得金額と一致します。

一方、引当金を計上し、費用を計上した場合、その分当期剰余金は減りますが、引当計上した同額が税務上損金否認され、当期剰余に加算されることにより、税務上の所得金額は、引当金を計上しなかった場合の当期剰余金と同額になります。すなわち、引当金を計上してもしなくても、税務上の所得金額は同じであり、納める税金も変わりません。税務上損をするということはありえません。財務会計上必要な引当金は、財務会計の目的からも計上すべきで、それにより税金が得をするとか損をするとかいうことはないのです。

交際費

交際費とは、接待、供応、慰安、贈答その他これに類する行為のた

めに支出するものをいいます。事業を行う上で、必ずしも必要なものとはいえないので、中小企業の一部以外は損金として認められません。なお、交際費については、支出自体が損金ではないとされていますので、前述した3種類とは異なり、永遠に損金として認識することはできません。

　以上のように、財務会計と税務は似て非なるものです。外部報告目的の会計では、税務上の処理のみでは経済的客観性を逸脱し、利害関係者に不正確な情報を提供することになると、十分認識していただきたいと思います。

(4) 生協会計基準

　2008年に生協法施行規則が改正され、生協の財務会計のルールが明確になりました。では、それまでは何が生協の財務会計のルールだったのでしょうか。実は日本生協連が生協会計基準を設定し、これがそれまでの生協の財務会計のルールでした。ここでは、生協の財務会計のルールをリードしてきた生協会計基準について考えていきます。

①生協会計基準ができるまで

　生協会計基準は、1985年11月に設定されました。それ以前には、日本生協連が発表していた「統一財務諸表様式」「統一勘定科目」「決算処理指導方針」などがありました。当時、すでに地域生協を中心として経済的にも社会的にも生協の影響力が大きくなっていました。しかし、当時の会計諸基準では、株式会社並みの情報提供もできていないような状況でした。

　生協は、広く生活者から出資と利用をつのって発展してきました。このような組織が、出資者であり利用者である組合員に対し、株式会社の株主並みの情報すら提供できないのでは、本来の民主的な活動そのものに疑問が生じます。一方、当時まだ消費生活協同組合財務処理規則（以下「生協財務処理規則」といいます。）は、共済生協を対象にしたものでしかありませんでした。生協法では、財務・経理につい

ては具体的なところではあまり整理されていませんので、具体的な形で全国の購買生協が基本とする会計の基準が必要とされてもいました。このような背景から1985年に生協会計基準が設定されたわけです。

②生協会計基準の特徴

生協会計基準の目的は、生協活動の一層の活性化とその社会的使命の増大に応えるための適正な会計基準の制定をはかることにありました。

生協会計基準には法的な根拠はありませんでした。あくまで日本生協連という民間団体が、会員及び会計の専門家の意見をまとめる形で設定した基準であり、会員に求めるミニマムスタンダードとしての会計基準という位置づけでした。ですから法的な意味からすると、当時は生協はとりあえず厚生省令たる生協財務処理規則に従っていればよいということになります。しかし、出資者であり利用者である組合員への情報開示、生協の最高意思決定機関である総代会で決算書を承認するという組合員の意思決定に必要な情報の開示、といったことを考えれば、生協会計基準は最低限守るべき情報開示のルールと考えられます。法は最低の倫理だともいわれます。法令を守るのは当然のこと、より高い倫理観に立つのが生協のあるべき姿なのではないでしょうか。このような意味で、生協会計基準に従った決算書を作成するのは、色々な生協の仲間たちの中で、我が生協は情報開示に関する最低限の倫理観を備えていますよ、ということを意味していたと思います。

生協会計基準の特徴としては、どちらかというと表示の原則性が強いといわれていました。そのことは、経理処理についてあまりあれこれと強制をしていない点に伺えます。最低限のルールは示すものの、できるだけ各生協の自主性に任せていたと見ることもできます。その意味では、組合員へのディスクロージャーの指針であったともいえます。また、上述した通りあくまで民間団体が作成した会計基準であり強制力はありませんでしたが、厚生労働省令である当時の生協財務処理規則には準拠していました。さらに、財務会計のルールであるため、総代会提出の決算書類を前提としています。

③生協会計基準のその後

生協会計基準は1985年の設定以来、4回の改訂が行われました。

この間、1996年に厚生省令である生協財務処理規則が改訂され、生協財務処理規則はすべての生協に適用されることになりました。生協財務処理規則の改訂時に、当時の厚生省は生協会計基準を随分参考にしたように聞いていますが、細かい点でいくつか違いが生じました。このため、1997年の改訂では、生協会計基準と生協財務処理規則とが整合するようにしました。ですから、生協会計基準に従っていれば自動的に厚生省令である生協財務処理規則に従っていることになります。

2000年9月の改訂では、生協会計基準委員会のメンバーを大幅に入れ替え、会計ビッグバンといわれるより透明度の高い会計処理を積極的に採用しました。

さらに2007年1月の改訂により、株式会社と比較しても何ら問題が生じない基準となりました。

④購買生協以外の生協の会計基準

生協会計基準の特徴の一つとして、購買生協を前提に作られていた点があります。このため、いわゆる購買生協でも共済生協（生協財務処理規則に別途定められていました。）でもない生協では、生協会計基準に従ってしまうとかえって組合員にわかりづらい会計情報を提供することになってしまうという問題がありました。

このような生協では生協財務処理規則に違反しない範囲で、その業界の会計慣行を尊重した会計基準が必要でした。このため、日本生協連医療部会は1998年8月に医療生協会計基準を、全国住宅生協連は2000年1月に住宅生協会計基準を設定しました。大学生協連も、大学生協にあった会計基準を模索しました。また、その後の会計ビッグバンの進展にあわせるように、医療生協会計基準は2000年4月に、住宅生協会計基準は2002年1月にそれぞれ改訂されました。

⑤生協会計基準から生協法施行規則へ

2007年の生協法改正を受けて、2008年3月の生協法施行規則改正と

生協財務処理規則の廃止により、生協法施行規則の中に生協会計に関するルールが盛り込まれました。この改正にあたっては、生協会計基準が長らく生協の会計実務上のスタンダードとして機能してきたことが評価され、生協会計基準の内容が大きな影響を与えました。

　この改正を受けて、「生協会計基準は、その役割を終えた」として廃止されましたが、従来の生協会計基準のもとでの実務を参考に、改正された法令（生協法、生協法施行規則）に基づく実務のために『生協の会計実務の手引き』が刊行されました。生協会計基準は、20年以上にわたって生協の会計の進化に大きな影響を与え、現在の生協会計の実務の礎を築いたといってよいでしょう。

～～ まとめ ～～～～～～～～～～～～～～～～～～～～～～～

　◇会計とは、会計を利用する人の意思決定に有用な情報のシステムである。

　◇組織の財産の状況を表したものが貸借対照表で、組織の経営成績を表したものが損益計算書である。

　◇利用者の目的により、財務会計などいくつかの会計がある。

　◇生協の財務会計は長らく生協会計基準が担ってきたが、現在、その内容は実質的に生協法施行規則に引き継がれている。

～～～～～～～～～～～～～～～～～～～～～～～～～～～～～～～

2．生協の財務諸表等

　生協法では、決算の際に理事が作成すべき書類について、事業報告書・決算関係書類とこれらの附属明細書と定められています。さらに、決算関係書類は、貸借対照表、損益計算書、剰余金処分案または損失処理案とされています。ここでは、財務会計上特に重要な、貸借対照表、損益計算書、剰余金処分案、それから附属明細書の一つに掲げられるキャッシュ・フロー計算書について考えていきます。

(1) 貸借対照表

①貸借対照表とは

　貸借対照表は、ある時点（通常は期末）の財産状況を表しています。

　本章の「1. 会計の役割と財務諸表」の項で述べた通り、貸借対照表は左側の借方に資産、右側の貸方に負債・資本が表示されます。資産は組織が保有するものや権利、あるいは将来費用となるものから構成されています。負債は他人資本ともいわれ、組織の構成者以外からの債務、あるいは将来収益となるものから構成されています。自己資本は組織の構成者である組合員から資金を出してもらった出資金、過去から積み上がってきた剰余金から構成されています。すなわち、借方は組織の権利（所有権・請求権など）、貸方は構成員および構成員以外への義務を表しています。貸借対照表の借方と貸方は必ず一致しますので、組織の権利と義務は必ず一致するようになっています。会計は自由貿易を背景に発展してきましたので、貸借対照表の考え方は、市民の自由と義務は裏表の関係にあるという、自由主義経済の根本思想を表現しているのです。

　貸借対照表は、人間に例えれば、ある時点での体そのものを表現しています。これに対し損益計算書やキャッシュ・フロー計算書は1年間の活動をまとめたもの、毎日の日記や体温などの変化を簡単にまとめたものといえるでしょうか。貸借対照表を中心に考えれば、損益計算書はあくまで1年間の自己資本の内、出資金以外の部分である剰余金の増加内容をもう少し詳しく解説したものですし、キャッシュ・フロー計算書は現金預金の増加内容をわかりやすく表現したものでしかありません。ですから、組織の本質を理解するためには損益計算書を中心に考えるのではなく、貸借対照表を中心に考える必要があります。

②貸借対照表の見方

　貸借対照表は、いわゆる人間の身体を表現しているようなものですから、体重や身長に該当する総資産をまず見てみましょう。みなさん方の生協の総資産は、どの程度ありますか。不必要に大きすぎてはいませんか。いわゆる実力以上に太ってはいませんか。やせすぎも困り

ますが、太りすぎも体のどこかに病気を抱えている可能性があります。もちろん、それぞれの組織には、ベストコンディションというものがありますので、他と比較すればよいということにはなりませんが、どうも太りすぎ、あるいはやせすぎではないかと感じたら、個別に見ていきます。

　まず、資産について考えます。

　現金預金は、人間にとってみれば血液です。健康な体では、それ相応の現金預金があるはずです。死に至る病であれば、現金預金が極端に不足することになります。資金ショートによる倒産は、結局は出血多量による組織の死を意味します。通常であれば、毎期剰余をこつこつ稼ぎ出していれば、血液である現金預金は健康な状態で循環します。しかし、ちょっとした事故などで、どうしても一時的に現金預金が不足する場合もあります。血液が不足すれば輸血を行いますが、組織の場合は、運転資金の借り入れを行うか、出資金を増やすことになります。ただ、いささか冷たい言い方ですが、延命することが本当に組織の構成員、生協であれば組合員にとって本当によいことかは、生協のおかれている状況により異なると思います。

　一方、現金預金がたまりすぎている場合、これも必ずしも健康な状態とはいえません。なぜなら、組織は事業を行うために存在するのですから、余裕資金は新たな事業機会に使用するべきです。現金預金が過度に蓄積されているということは、新たな事業機会がないということになります。生協であれば、組合員から委託されている資金が、そのまま活用されず、眠っていることになります。一部の生協で、出資金の上限を定め、上限を超えている組合員には出資金の返還を行っているところがありますが、預かっている資金を有効に活用できないのならば、組合員にお返しするというのも、組合員奉仕の一つの考え方なのかもしれません。

　商品などの在庫は、供給の卵です。供給が行われることにより、現金預金が生み出されます。ですから、在庫は必要なものなのですが、在庫が必ず供給に結びつくとは限りません。腐った卵になる可能性が十分あります。在庫は困ったことに、一度腐り出しますと、健康な在

庫までどんどん腐らせていく傾向があります。気がついたら腐った卵だらけということは往々にしてあります。このような在庫は、さっさと処分する必要があるのですが、どうも生協のみなさん方は、ものを大切にしたがる傾向が強いようです。腐った卵を大切に保管してはいませんか。腐りかけたらすぐ処分する。当たり前のことですが、意外とできないものです。

　供給未収金は、あと一歩で現金預金になる権利です。権利ですから、主張してはじめて現金預金になります。生協の場合、基本的に組合員の銀行口座から未収金を回収するケースが多いため、権利を主張するという認識がいささか弱いように思われます。このため、供給が上がればそれでよしになり、回収されてはじめて業務が循環したという意識が低いようです。このため供給代金の引き落としができない場合でも放置し、供給未収金の延滞が続発するケースがよくあります。剰余は上がっているのに資金繰りが苦しいというのは、結局能力以上に供給未収金を抱えてしまうからです。権利は正しく主張し、資金を回収する。ごくごく当たり前のことですが、生協の職員の回収業務は、いささか優しすぎるように感じることもあります。

　固定資産は、本来事業を行うために必要な資産のはずです。ですから、事業に関係のない資産は本来もつべきではありません。それこそぜい肉です。減価償却は、不要になったぜい肉を、事業活動を通じて血液である現金預金に変えていく作業です。ですから、毎期規則的に行う必要があります。減価償却を行わず剰余を出したいという話をたまに聞くことがありますが、これこそ麻薬に手を染めるような話です。今はよいけれど、数年後は腐った資産の山になり、大きな身体のわりに血液である現金預金が不足してしまい、いつか息切れしてしまいます。

　次に、負債について考えます。

　買掛金は、商品等の仕入れにより発生した取引先に対する債務です。本来であれば、仕入れたという事実に対して計上すべきですから、納品時点で消費税も考慮して計上すべきです。あまり規模の大きくない生協では、取引先の請求書に基づき買掛金と仕入高を計上しているようですが、取引先の請求書が必ず正しいということが前提の処理です

から、どちらかといえばイレギュラーな取り扱いです。取引先も人間の集まりですので、悪意だけではなく、間違った請求もありえます。そのため、請求書と納品書との照合は大事な作業です。請求書を鵜呑みにして、代金を支払ってしまったら、大事な組合員の財産を食いつぶすことになります。仕入れ代金の支払いは、取引先と個別にいつ締めていつ支払うという約束事があります。通常は末締め末払いですが、そうでない場合も多いです。締め日から支払日までの期間をサイトといいますが、業種や取引先との力関係によっても異なっています。このサイトの違いにより、普通であれば、買掛金の残高が仕入れのほぼ1ヶ月に相当するはずなのに、それよりかなり長い分が買掛金になっていることがあります。一方、期末が金融機関の休日にあたり、翌期首に支払う場合は2ヶ月程度の残高になります。いずれにしろ、買掛金の残高が仕入れに対して長すぎたり短すぎる場合は、理由を明確にしておく必要があります。

　借入金は、組合員出資金だけでは投資に見合うだけの資金が不足する場合発生するはずです。そのため、借り入れ時の必要性と、投資との関連性は十分理解しておく必要があります。また、借入金の金利は、経済情勢により変化しますので、金利が高すぎないかも把握しておく必要があります。なお、一時的に資金が不足する場合があります。例えば賞与支払いのため、一時的に借り入れを行う等です。数ヶ月先にまとまった入金や、毎月相応の資金が入金されることがわかっているのであれば、特に問題にはなりませんが、運転資金に窮した借入金は、そもそも事業を行う上で資金を生み出していない可能性もありますので、関心のある方はp.135から記している（注2）を参照してください。

　賞与引当金や退職給付引当金は、そもそも職員の労働に対する対価の未払部分ですので、債務性の高い項目です。十分な金額が計上されているか、計上基準はどうかなど、確認する必要があります。

　資本については、協同組合独自の難しい部分もありますので、関心のある方は同じく（注2）を参照してください。

（2）損益計算書
　①損益計算書とは
　損益計算書は、組織の経営成績を明らかにするために作成される財務諸表の一つです。損益計算書は、組織が1会計期間に得た収益とこれに対応する費用とを記載し、加減することにより当期の剰余を計算します。

　②現金主義と発生主義
　収益および費用は、発生主義という考え方で損益計算書上は認識します。この考え方は、収益や費用は発生の事実に基づき認識するというものです。
　これに対し、現金主義という考え方があります。これは現金収入があったときに収益を認識し、現金支出があったときに費用を認識するものです。この考え方では、商品代が入金されたときはじめて収益を認識することになります。また、固定資産を取得したときはその全額を費用として認識します。これでは損益の実体を的確に算定することができません。
　そこで、発生主義という考え方が必要になったのです。例えば、生協の共同購入事業で供給高をいつ認識するかといえば、一般的には商品を組合員向けに発送した時点で認識します。お店のように現金収入を伴わなくとも、収益を認識しています。いわゆる掛け売りといわれる信用供給で、商品の出荷時点で収益を認識していることになります。また、固定資産は取得した時点で費用計上すると多額の費用が生じます。しかし、固定資産は取得することではなく使用することにより価値を生み出します。そこで、減価償却という手法を用いて使用期間に費用を配分します。なお、収益の認識は本来は実現主義という考え方によりますが、あまり生協では問題となりませんので、詳細については省略します。
　このように損益計算書を作成する場合は、現金主義のように現金の裏付けがなくとも収益・費用を認識します。そこで、発生主義の適用にあたってどのようなルールで収益および費用を認識しているかを明

確にする必要があります。例えば、減価償却は何年間でどのような計算方法で償却しているのか、ということです。当然、組織の固有の事情や考え方によりそのルールはいくつかの選択ができるはずです。しかし、ある年は減価償却を行い、ある年は減価償却を行わないとすれば、損益を経営者の意図によって操作できることになります。ルールを明確にし、かつそのルールを継続して守り続けることが必要になるのです。このため、決算書にはルールである重要な会計方針を記載する必要があるわけですし、場合によってはルールが正しく守られているかをチェックする公認会計士の会計監査も必要とされるわけです。

　このように損益計算書は、組織の考え方により会計のルールが異なることがあります。一定のルールに基づき剰余が計算されることになりますから、剰余の額はあくまで組織として、あるルールのもとではこういう剰余になりますという、意見表明なのです。

(3) キャッシュ・フロー計算書

　キャッシュ・フロー計算書は、努力規定として生協が作成し、附属明細書に記載する計算書です。損益計算書が、発生主義で収益・費用を認識するのに対し、キャッシュ・フロー計算書は、現金主義で、組織のキャッシュ・フローを捉えようとするものです。あまりなじみのないものですので、少し詳しく考えていきましょう。

①キャッシュ・フローとは

　キャッシュ・フローとは現金の流れのことをいいます。ストック（蓄積）ではありません。このキャッシュ・フローには、組織にお金が入ってくるキャッシュ・インと、組織からお金が流出するキャッシュ・アウトとがあります。

②キャッシュ・フロー計算書とは

　キャッシュ・フロー計算書とは、キャッシュ・インとキャッシュ・アウトとを一定の規則により表示した計算書をいいます。生協の場合はキャッシュ・フローを、事業活動によるキャッシュ・フロー、投資

活動によるキャッシュ・フロー、財務活動によるキャッシュ・フロー（以下「活動による」は省略）からなるものとしています。

　このうち、投資キャッシュ・フローは貸付金の返済、有価証券・有形固定資産の売却などによる収入と、資金の貸し付けや有価証券・有形固定資産の取得などによる支出からなります。貸借対照表の資産の部の下部の増減が概ねこれにあたります。店舗開設などのため大きな投資をしたときに、ここの金額が大きくなります。

　財務キャッシュ・フローは、増減資、借入金の調達などによる収入と、配当支払い（利用分量割戻しを含む）や借入金の返済などによる支出からなります。貸借対照表の負債の部の下部および出資金の増減がこれにあたります。大きな投資のために借り入れを行ったりすると、ここの金額が大きくなります。

　事業キャッシュ・フローは、商品及び役務の提供による収入、商品及び役務の購入による支出等事業活動によるもので、投資および財務活動によらないものからなります。

　一方、キャッシュとは、現金および現金同等物をいいます。現金とは貨幣のほか、いつでも貨幣になる普通預金、当座預金などをいいます。現金同等物とは、容易に換金可能で、価値の変動について僅少なリスクしか負わない短期投資、例えば生協の場合は、満期1年以内の契約の定期預金（担保に付しているものを除く）、満期または償還日まで3ヶ月以内の譲渡性預金、コマーシャルペーパー、売り戻し条件付現先、公社債投資信託などが該当します。

③キャッシュ・フロー計算書の作成方法

　キャッシュ・フロー計算書を作る方法には二通りあります。

　一つは直接法といわれるものです。これは、資金勘定の相手科目からキャッシュ・フロー計算書を作成する方法をいいます。原則的であり、すべての資金取引を総額表示できるため、理解しやすいし高度な分析にも耐えうるという長所をもちます。しかし、会計システムを改修する必要があり、計算手順が煩雑なため、現実的には難しいといわれています。

　もう一つは間接法といわれるものです。損益計算書の税引前当期剰余金から、損益計算書に費用等で計上されている非資金取引や貸借対照表科目の増減を調整し、事業キャッシュ・フローを逆算する方法をいいます。この方法ですと事業キャッシュ・フローが純額表示となるため、キャッシュの源泉が直接にはわかりにくい、素人目には理解しづらい、などの欠点はありますが、比較的簡単に作成でき、剰余との関係性も明らかなため、現実には間接法を採用する法人が多いです（図表5、6参照）。

　間接法の考え方は、次のようなものです。貸借対照表の借方・貸方は必ず一致します。ですから、前期と当期の貸借対照表の資産総額の増加と負債・資本総額の増加も必ず一致します。資産は現金預金とその他の資産からなります。このため、以下の等式が成り立ちます。

現金預金の増加＝負債・資本の増加－その他の資産の増加

　左辺がキャッシュ・フローにあたりますので、この式からキャッシュ・フロー計算書が導き出せます。この式は、実は資産の増加（例えば未収金や在庫の増加）はキャッシュ上はよろしくないということをいっています。もっといいますと、資産は削減し、ぜい肉を落とし、筋肉質の貸借対照表にしなさい、といっているのです。

④キャッシュ・フロー計算書の見方

　では、キャッシュ・フロー計算書はどのように見ればよいのでしょうか。

　キャッシュ・フロー計算書は、キャッシュの増減の明細を示したものです。損益計算書のように剰余がでればよいというものではありません。増減がなぜ生じているかという、中身を知るものです。

　まず、事業キャッシュ・フローがマイナスであれば、事業を行ってもキャッシュを生まない状況にあります。ですから、長期間このような状況が続けば当然に破綻すると考えられます。間接法のキャッシュ・フロー計算書を見ると、税引前当期剰余金に減価償却費などの非資金費用が足され、法人税等が差し引かれて事業キャッシュ・フローが計算されます。したがって、税引前当期剰余金と事業キャッシュ・フ

ローは、足し引きの関係で概ね同じ、あるいは若干事業キャッシュ・フローが多くなります。したがって、この2者が大きく乖離するのは何らかの理由があるはずです。特に、事業キャッシュ・フローの方が大きく少ない場合は、収益の過大計上（不良資産の発生）、在庫の過剰など、経営的にあまり好ましくない状況ともいえます。

次に、事業キャッシュ・フローに見合う程度の投資キャッシュ・フローマイナスであれば健全な状況といえます。ただし、成長期の法人においては、投資が先行するため、事業キャッシュ・フロー以上の投資を行う場合があります。また、今まで財務上蓄えていたキャッシュ（特に手持ち現金）をある投資に集中的に使用する場合も、事業キャッシュ・フローを超えて投資キャッシュ・フローマイナスが生じます。法人の置かれている環境や、経営戦略・事業計画との整合性を確認することが重要です。

最後に、財務キャッシュ・フローは事業キャッシュ・フロー、投資キャッシュ・フローの調達面です。事業キャッシュ・フローが少ないあるいはマイナスであり、借入金が増加していれば、運転資金にかなり苦労していると考えられます。また長期借入金や増資によるキャッシュ・フローが投資の内どの部分に充当されているかも十分検討する必要があります。

以上のように、キャッシュ・フロー計算書は組織の資金の流れを明確に表すため、有用性の高い情報を提供します。このため、旧生協会計基準では出資額5億円以上の生協に作成を求めていましたが、生協の規模にかかわらず、作成することが望ましいと考えられます。

ただし、キャッシュ・フロー計算書は資金の流れを正直に明示しすぎるきらいがあります。例えば、期末日が休日であった場合、月末の支払いが翌期に繰り越される場合がありえます。この場合、その期は仕入れ代金の支払いが11ヶ月分で済み、キャッシュ・フローがいたずらに良好に表現されてしまいます。逆に翌期は、前期分も含めて13ヶ月分仕入れ代金の支払いが発生し、キャッシュ・フローが悪化したように表現されてしまいます。大切なことは、貸借対照表、損益計算書、キャッシュ・フロー計算書のすべてが備わって、組織の全体が見えて

くるということです。

図表5　キャッシュ・フロー計算書の例（直接法）

I 事業活動によるキャッシュ・フロー

事業収入	×,×××,×××
事業原価の支出	−×,×××,×××
人件費支出	−×,×××,×××
その他の事業支出	−×,×××,×××
小計	×,×××,×××
利息及び配当金の受取額	×××,×××
利息の支払額	−×××,×××
法人税等の支払額	−×××,×××
事業活動によるキャッシュ・フロー	×,×××,×××

II 投資活動によるキャッシュ・フロー

有価証券の取得による支出	−××,×××
有形固定資産の取得による支出	−×,×××,×××
無形固定資産の取得による支出	−×,×××,×××
関係団体等出資金の拠出による支出	−××,×××
長期有価証券の売却による収入	×××,×××
長期前払費用の取得による支出	−×××,×××
差入保証金の拠出による支出	−××,×××
投資活動によるキャッシュ・フロー	−×,×××,×××

III 財務活動によるキャッシュ・フロー

短期借入金増加額	××,×××
長期借入による収入	×,×××,×××
長期借入金の返済による支出	−××,×××
補助金による収入	××,×××
出資預り金の増加額	××,×××
増資による収入	××,×××
減資による支出	×,×××,×××
割戻金の支払額	−×××,×××
配当金の支払額	−×××,×××
財務活動によるキャッシュ・フロー	×,×××,×××

V 現金及び現金同等物の増加額	×××,×××
IV 現金及び現金同等物期首残高	×××,×××
VI 現金及び現金同等物期末残高	×××,×××

図表6　キャッシュ・フロー計算書の例（間接法事業活動のみ）

I 事業活動によるキャッシュ・フロー

税引前当期剰余金	×××,×××
減価償却費	×××,×××
退職給与引当金の増加額	××,×××
貸倒引当金の増加額	××,×××
賞与引当金の増加額	××,×××
共済契約準備金の増加額	×××,×××
受取利息及び受取配当金	−×××,×××
支払利息及び割引料	×××,×××
投資有価証券売却益	−×××,×××
有形固定資産売却益	−×××,×××
補助金収入	−×××,×××
供給等債権の増加額	−×××,×××
棚卸資産の減少額	×××,×××
その他事業債権の増減額	×,×××,×××
仕入債務の増加額	×××,×××
未払消費税等の減少額	−×××,×××
その他事業債務の増減額	×,×××,×××
小計	×,×××,×××
利息及び配当金の受取額	×××,×××
利息及び割引料の支払額	−×××,×××
法人税等の支払額	−×××,×××
事業活動によるキャッシュ・フロー	×,×××,×××

（4）剰余金処分

①剰余金処分の意義

　生協の最大の目的は、組合員への奉仕です。ですから、組合員を利用者として事業を行った結果生じた剰余金は、組合員に還元されなければなりません。

　ところで、組合員は生協の利用者であると同時に、生協への出資者でもあります。そこで、組合員への剰余金の還元を考える場合、生協の事業を利用した面と、生協が事業を行うための資本を提供してくれた面とを考慮する必要があります。そこで、生協法は第52条において、

剰余金の割戻しについては利用分量割戻しと出資配当を認めています。

　しかし、生協が存続してこそ、生協は組合員への奉仕を行うことができます。組合員との取引で生じた剰余金をすべて組合員へ還元していれば、いざというとき必要な資金が確保できない可能性があります。最悪の場合、出資金のほとんどは組合員に返却されることはなく、結果的に組合員に大きな迷惑をおかけします。そこで、生協の財務基盤を堅固なものにするため、生協が生んだ剰余金の一部は、一定額を限度に生協内部に積み立てる必要があります。このため、生協法は剰余金の割戻しを行う前に、第51条の４において一定額の積み立てを要求しています。これがいわゆる法定準備金といわれるものです。また、生協法は、生協の事業として第10条第１項第５号において、組合員等のための知識の向上を図る事業をうたっています。通常、この事業を行うことによる収益は生じません。費用のみの発生になります。このため、剰余金の一部をこの事業の支出に充てるために、第51条の４第４項において、いわゆる教育事業繰越金の積み立てを要求しています。

②法定準備金

　まず、法定準備金について考えていきましょう。生協法第51条の４第１項では、法定準備金は定款に定める額に達するまでとされています。このため、通説では、定款の定めを超える法定準備金は定款違反の可能性があるとされています。もし定款の定めを超えて法定準備金を積んでいれば、早急に取り崩すか定款を変更する必要があります。ただし、法定準備金の取り崩しは通常同条第３項により損失補填にしか取り崩すことはできないとされていますので、実務的には組合員の誤解をさけるために定款変更により、限度額を積み増すことが行われています。

　なお、生協の場合減資がありえます。積み立てた時点では定款の定めを超えていなかったのに、減資により出資金が減ったため、見かけ上法定準備金が定款の限度額を超えているようになる場合がありえます。この場合は、積み立てた時点で定款違反はないわけですから、取

り崩す必要はないとされています。

　教育事業等繰越金は、当期の教育事業や地域コミュニティーのための組合員活動に使用することが予定されています。次期繰越剰余金に含めて繰り越し、そのうちいくらが教育事業等繰越金かを注記する必要があります。繰り越された教育事業等繰越金の使い道は限定されており、教育文化費等で使用しなければなりません。また、翌期には、損益計算書の当期首繰越剰余金の内、いくらが教育事業等繰越金かを注記する必要もあります。

　なお、以前は剰余金処分案で教育事業繰越金を取り崩し、新たに当期分を積み立てる処理が一般的でしたが、平成8（1996）年の旧生協財務処理規則の改正により、当期未処分剰余金に含めて表示すればよいことになりました。このため現在では、上記のような実務になっています。

③利用分量割戻し

　生協法第52条で、法定準備金を積み立ててもなお剰余金に残余があれば、割戻しを行うことができます。

　利用分量割戻しは、組合員の利用により剰余が十分生じた場合、その利用に応じて割り戻すものです。一種の値引きと考えてもよいでしょう。ですから、その割戻しの原資は、組合員との取引により生じた当期の剰余金に限定されます。原則として、事業剰余金がマイナスであれば、利用分量割戻しは行うことができません。ただし、事業外収益の雑収入等の中に、組合員との取引に起因する剰余があれば、その額については割戻しの原資にすることができます。税務上の取り扱いも同様に考えているようです。

　利用分量割戻しについては、生協法第52条第3項において、事業の種類ごとに行うことができるとされます。通常の供給であれば、割戻しの率を5％程度にすることも可能かもしれません。しかし、住宅あっせん事業や旅行あっせん事業のように手数料率が小さな事業では、利用額の5％の割戻しはかなり難しくなります。そこで、事業の種類ごとに利用分量割戻しができることになっています。極端な言い方です

が、赤字事業を抱えていれば、その事業の利用に対しては利用分量割戻しは行わないということもできるのです。

④出資配当

　出資配当は、あくまで出資に対する割戻しです。当期の剰余がどうであったとしても、長期的に見て生協に配当の財源があれば、出資という行為（今お金を使わずに、生協の事業のためにお金を提供したこと）に対しての見返りがあってもいいはずです。生協法第52条では、あくまで「剰余金」という言葉を使っています。模範定款例のように「毎事業年度の剰余金」という言い方はしていません。そこで、当期欠損が生じても、生協内に過去からの剰余の積み立てが十分あれば、出資配当はできるのではないかといわれていました。ただし、模範定款例では出資配当についても「毎事業年度の剰余金」という言葉を使っていたため、実務上当期剰余が生じていなければ出資配当はできませんでした。しかし、平成14（2002）年12月の模範定款例の改正により、欠損金があっても出資配当ができうる旨が追加されました（現第70条参照）。現在では、模範定款例通りに規定していれば、単年度で欠損が生じても過去からの積み立てが一定程度あれば、出資配当ができるようになりました。

　（注2）組合員出資金は、貸借対照表の右側、貸方の下の方の純資産の部に計上されます。組合員出資金は、文字通り、組合員の方々から生協に出資していただいた金額です。生協を設立するときのみならず、生協が事業を行う上での必要な資金を調達する最も根幹となるものです。

　　生協等の協同組合の出資金は、株式会社の資本金と比べると、いくつか大きな違いがあります。

　　まず、生協の場合、出資はあくまで生協と組合員となる方との個別の契約となりますので、組合員たる権利は原則として譲渡できません。一方、株式会社は、株式を所有すれば株主としての権利を持ちます。株式自体は譲渡され流通することが原則です。生協の場合、組合を脱退する場合、生協から組合員に脱退に伴う出資金の返還が行われます。しかし、株式会社の場合は、株式を売却することで株主としての資格を放棄できます。生協の場合、脱退

はごく普通のことであり、減資も珍しいことではありません。株式会社の場合は、会社が株主に資本金を返還することは原則禁止されていますので、減資そのものも法的な手続きが難しくなっています。株式会社の資本金は固定性が著しく高いのに対し、協同組合の出資金は流動性が比較的高いともいえます。しかし、生協の根幹をなす出資金の流動性があまりに高いと、組合員の大量脱退が生じた場合、生協そのものの運営に支障をきたします。そこで、過剰な出資金の流出をくい止めるため、生協法第19条において、組合員は90日前までに予告し、事業年度の終において脱退することができるとし、いつでも脱退できるようにはなっていません。減資についても生協法第25条で定款で定める方法によるとし、自由な減資を制限しています。

　次に、株式会社の場合、株主総会での議決権は、原則として保有する株式の数に対して付与されます。ですから、たくさんのお金を払い、株式をたくさんもつことができる株主の発言権が大きいことになります。しかし、生協の場合、原則として出資の口数にかかわらず、組合員一人が一票の議決権を持ちます（生協法第17条）。すなわち、株式会社が資本主義を前提にしているのに対し、協同組合は民主主義を原則としているのです。このため、株式会社の場合、議決権の数は発行済株式数が原則になりますが、生協の場合は、口数は関係なく、組合員数が議決権の数になります。ですから、生協の場合組合員数が大変重要な情報になります。さらに、議決権を持ちながら権利を行使しない、いわゆる所在不明組合員の存在は好ましくないのです。

　所在不明組合員については、いくつかの考え方や整理方法があります。一つは、生協法第20条の規定に従い、除名する方法です。組合員本人への通知や公告なしに除名することは、生協法に反しますので、十分気をつけてください。これに対し株式会社の場合、除名という制度はありません。株主はあくまで株式をもつ人のことですから、株式そのものを除名するということはありえません。株主と会社との結びつきは基本的にお金によっているのです。協同組合の場合、組合員と組合の結びつきは人によっているため、法定脱退としての除名という制度が必要になるのです。

　なお、平成14（2002）年の模範定款例の改正により、定款で、住所変更届を2年以上行わなかった組合員は、理事会で脱退処理を行う旨の規定を設けている場合は、公告や総（代）会での報告で足りることになります。この

方法は「みなし自由脱退」といわれ、今日、最も一般的に行われている方法
です。

　これ以外の考え方として、少数意見ではあるものの所在不明組合員は、生
協の区域に住所を有するか不明な組合員なのだから、組合員資格を喪失して
おり、生協法第20条第1項第1号の「組合員たる資格の喪失」に該当し、
法定脱退であるという意見もあります。職域生協や大学生協の場合は、この
考え方の方が明快と思われます。この考え方を採用するにしろ、組合員本人
への通知手続や公告は必要になります。

　以上のように、協同組合の出資金は、脱退・減資により減少するという大
きな特徴があります。すなわち、出資金は返還されるべきものなのです。株
式会社の場合、原則として会社が株主に資本金を返還するということはあり
ません。このため、生協の出資金は、本来自己資本ではなく長期の負債では
ないかという論者もいます。確かに、経済的側面から考えればその通りです。
しかし、生協を解散する場合などは、まず生協に対する債権者に負債を返還
し、最終的に残余財産があれば組合員に出資金の返還がなされます。その意
味では、法的には出資金は負債よりも返還という意味では弱い立場にありま
す。そもそも協同組合は、人と人とのつながりにより成り立ちます。その意
味では組合員こそが資本ということができます。株式会社のように、株主は
一人でもよいという組織ではありません。一定数以上の組合員がいてこそ組
織として機能します。組合員出資金は、本来生協の資本である組合員が、提
供してくれた金銭であると考えれば、組合員出資金もやはり自己資本である
となるのではないでしょうか。

　ところで、所在不明組合員を整理した場合、出資金の返還先がないため、
出資金を雑収入として処理します。税務上はこの通りなのですが、会計的に
考えるといささか問題があります。会計の原則として「資本取引・損益取引
区分の原則」というものがあります。これは、資本取引と損益取引を混同し
てはならないというものです。純資産の部にある出資金が損益になるという
のは、この原則から考えると問題があります。返還する必要のない出資金と
は、出資者たる組合員からの永久資本の提供ではないかとも考えられます。
雑収入で処理すると結果的に当期剰余金の一部となり、貸借対照表の純資産
の部の「剰余金」の構成要素となります。しかし、本来は純粋な資本として

保持すべきであり、取り崩しの必要はないと考えられます。一方、雑収入で問題ないという論拠は以下のようなものです。所在不明組合員は脱退なのであるから、脱退時点で出資金としての性格を失い、あくまで脱退した組合員に返還すべき債務に転換されています。返還先のわからない債務を整理するのだから損益取引と考えて問題ないというものです。この場合の正しい会計処理は、組合員出資金をいったん預り金等の負債に振り替え、一定の時効を迎えた段階で雑収入処理を行います。

　結論のはっきりしない議論を繰り返しましたが、実は協同組合の資本についての会計的・学問的な検証は、ほとんどなされていないのが現状なのです。このため、識者により色々な言い方がされています。株式会社の場合は、会計学者等により、かなりの部分で通説が形成されていますが、協同組合の場合は、通説を形成するほどの議論がなされていないことは残念なことです。生協組織の根幹である資本について、私たちはもっと学び、研究し、議論しなければならないのかもしれません。

〜〜〜 **まとめ** 〜〜〜〜〜〜〜〜〜〜〜〜〜〜〜〜〜〜

◇貸借対照表は、人間でいえば体そのものである。
◇損益計算書は、発生主義により作成される。
◇キャッシュ・フロー計算書は、現金の流れを示したものである。
◇剰余金処分により利用分量割戻し、出資配当が行われる。

〜〜〜〜〜〜〜〜〜〜〜〜〜〜〜〜〜〜〜〜〜〜〜〜〜〜〜〜〜〜

3．生協の財務分析

（1）財務分析の意味

　分析指標を用いて経営分析するのは、各組織の財務データが提供するデータが膨大であるため、それぞれの組織の特徴を浮かび上がらせ、比較可能なようにするために行われます。

　分析指標を用いるメリットは、特に比率分析の場合、基準値が1（または100%）であるため、各組織の特徴が比較可能であること、重要項目をもとに分析するため、細部は無視し、全体像を捉えられること、

などがあります。逆にデメリットとしては、組織の事業内容を無視して行うため、ある事業に当然内在するリスクを過度に浮かび上がらせ、かえって実態を見誤らせる可能性があること、組織が作成する財務諸表自体の限界を無視している上、財務諸表が適切に作成されていない場合は、意味のない分析になりかねないこと、あくまで過去情報であり、未来情報ではないこと、突発事象が財務諸表に表現された場合は、分析に意味がない可能性があること、などがあります。

　このように、分析指標を用いて経営分析するのは、わかりやすく、自らの組織の特徴を客観的に捉えることができますが、逆に過度に分析指標にとらわれると、事業内容を無視した意思決定を行ったり、状況の変化に対し硬直的な対応しかできない可能性もあります。便利さの裏には必ずリスクが伴うことを承知して利用してください。

(2)　財務分析の実際

　様々な分析指標がありますし、日本生協連で各種統計情報を公表しています。しかし、ここでは一般的に企業の経営分析を行う場合の方法を紹介します。まず、総合的な収益性分析について考えていきましょう。

①収益性分析
総資本剰余率
総資本剰余率＝当期剰余金（税引き後）／総資本

　生協がもつ総資産で、どれだけ剰余を上げることができるかの指標です。全体としての投資効率と考えてもよいでしょう。分母の総資本は貸借対照表からえられ、分子の当期剰余金は損益計算書からえられるため、総合的な効率性を示した指標といわれます。なお、生協という組織柄、あまり高いのも問題ですが、3％程度ほしいところです。

　この指標は、さらに以下のように分解できます。
（当期剰余金÷供給高）×（供給高÷総資本）
＝供給剰余率×総資本回転率

　総資本剰余率の内容を細かく分解することにより、収益性を考える

とき、どこに問題があるかを探ることができます。

供給剰余率

供給高に対して、どれだけ剰余を生み出したかという指標です。高ければ高いほど収益性が高くなります。当期剰余金は、供給剰余金、事業剰余金、経常剰余金、税引前当期剰余金を経て計算されますので、それぞれの供給剰余率を計算し、損益のどこに問題があるかを探ります。

特にＧＰＲと呼ばれる供給剰余率は、事業内容によってかなり異なります。リスクの高い事業を行う場合、例えば在庫リスクを抱える事業ではＧＰＲは高くなります。逆にあっせん事業などリスクの低い事業ではＧＰＲは低くなります。ハイリスク・ハイリターン、ローリスク・ローリターンなのですから、リターンの高い事業を行う場合は、どのようにしてリスクをヘッジしていくか常に考えながら事業展開する必要があります。逆にリスクの低い事業は、その事業に携わる人々の意識を低迷させかねません。リスクとリターンをバランスよく考え、事業の特性を考えた上で、様々な事業を展開していくことが望まれます。

総資本回転率

総資本回転率の逆数が、資本回転期間になります。すなわち、1年間の供給に対して、総資本がどれだけ回転したかの指標です。回転期間が短いほど、効率的に総資本を使用しているといえます。逆に1年を超えるようになると、過大な総資本をもっているといえます。

総資本は、棚卸資産、供給未収金、固定資産等から構成されています。それぞれの回転期間を求め、過大な資産がないか探ります。

特に棚卸資産の回転期間については、共同購入中心の生協では数日のはずですし、店舗中心の生協でも、本来食品中心のはずですので、1ヶ月が目安となります。なお、店舗の商品構成により、雑貨・衣料品等があれば、もう少し長くなります。いずれにしろ、棚卸回転期間が長い場合は、陳腐化あるいは不良在庫が生じている可能性があります。

　また、供給未収金の回転期間は、店舗ではほぼゼロのはずですし、共同購入では、月一度の請求・回収であれば概ね1ヶ月程度になります。回転期間が長い場合は、割賦供給のウエイトが高い場合もありますが、延滞の未収金がかなりあることも考えられます。

自己資本剰余率
自己資本剰余率＝当期剰余金（税引き後）／自己資本
　これは、前述の総合指標ではありませんが、組合員が拠出した自己資本を使って、どれだけ剰余を生み出すことができたかの指標です。組合員から見た投資効率と考えてもよいでしょう。これも生協という組織柄、あまり高いのも問題ですが、5％程度ほしいところです。

　②安全性分析
　安全性分析は、主として貸借対照表から、組織の財務状況を把握するために行われます。

流動比率
流動比率＝流動資産／流動負債
　短期債務の返済能力を示します。一般には、200％以上が望ましいといわれます。

当座比率
当座比率＝当座資産／流動負債
　当座資産とは、現金預金＋供給債権＋未収金＋短期貸付金＋短期有価証券をいいます。換金性の高い流動資産のことです。流動比率よりさらに厳しい短期返済能力の指標です。一般には、100％以上が望ましいといわれます。

図表7　貸借対照表

（当座資産[現金預金・未収金等]） 流動資産 [当座資産＋商品・有価証券等]	流動負債 [支払手形、買掛金、短期借入金等] 固定負債 [長期借入金、退職給付引当金等]
固定資産 [土地・建物・関係団体等出資金等]	自己資本（純資産） [出資金・剰余金等]
総資本（資産合計）	総資本（負債・純資産合計）

＊p.111の図表3を簡略に表したものです。

固定比率

固定比率＝固定資産／自己資本

　固定資産に投下された資本が、自己資本でまかない切れているかの指標です。この比率が高いということは、借入金に依存して固定資産を取得している可能性が高くなります。一般には、100%以下が望ましいといわれます。

固定長期適合率

固定長期適合率＝固定負債／（自己資本＋固定負債）

　店舗などを建設する場合、長期の借入金により資金を確保することも考えられます。そのため、長期借入金が多くを占める固定負債と自己資本の範囲で固定資産をまかなっていれば、一応安全圏に入ると考えた指標です。固定比率より緩やかな指標ですので、100%以下でないと財務構造が脆弱と考えられます。

　なお、固定長期適合率が100%以上の場合は、流動比率も100%以下となります。この場合、固定負債を使って流動資産の支払いを行っていると考えられますので、短期的な支払能力にも問題があると考えられます。

自己資本比率

自己資本比率＝自己資本／総資本

　資本構成から生協の安全性を示す指標です。高ければ高いほどよいとされますが、50%を超えていれば問題はないでしょう。

　分析指標を用いたり、他の経営分析を行うのは、あくまで自生協の強みと弱みを過去情報から捉えて、今後の意思決定に役立てていくためです。分析したから終わりではなく、その情報を使っていかに的確な意思決定を行いうるかこそが、最も重要なことです。その意味では、あくまで経営分析は数ある意思決定支援の手段の一つと考えることが重要になります。

～～～　**まとめ**　～～～～～～～～～～～～～～～～～～～～～～

　◇財務分析には、主として収益性分析と安全性分析がある。

　◇財務分析だけでは組織の本質はつかめないので、その他の情報を活用する必要がある。

～～～～～～～～～～～～～～～～～～～～～～～～～～～～～～～～

参考文献─────────────────────────────

　飯野利夫著　『財務会計論』（同文館）

　広瀬義州著　『財務会計』（中央経済社）

　千代田邦夫著　『会計学入門』（中央経済社）

　齊藤敦著　『新会計実務の手引き』（コープ出版）

　生協会計基準委員会編　『解説「生協会計基準」』（コープ出版）

　生協会計基準委員会編　『解説　生協監事監査基準』（コープ出版）

　日本生活協同組合連合会経営指導本部編　『生協の税務と経理の実務』（コープ出版）

　川田俊夫著　『生協の経営入門』（コープ出版）

　井出正介・高橋文郎著　『ビジネスゼミナール企業財務入門』（日本経済新聞出版）

日本公認会計士協会　非営利法人委員会研究資料第2号
「農業協同組合の会計に関するQ＆A」
日本公認会計士協会非営利法人委員会研究報告第7号
「消費生活協同組合における剰余金処分について」